JN272597

立地論入門

松原　宏 編著

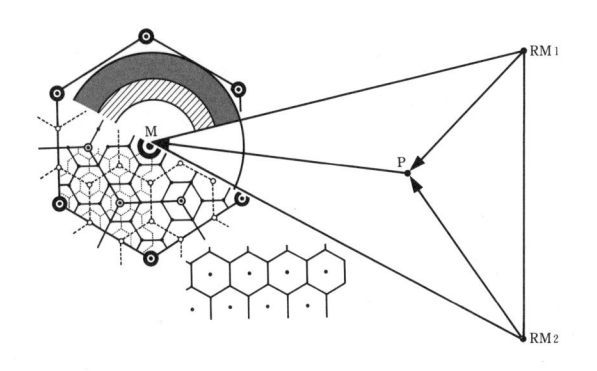

古今書院

はしがき

「地理の再発見」といわれている．グローバル化・情報化の下，逆に地域・場所・空間が改めて注目され，経済地理学への関心が広がっている．経済地理学には，独自の理論的体系として，19世紀半ば以来の立地論の伝統がある．本書は，この立地論を経済地理学の基礎理論として位置づけ，現代経済社会における地域・場所・空間に関する理論の発展を意図したものである．

私自身の立地論との出会いは，20年前に遡る．当時，首都圏の大学院生が「経済地理学の基礎理論を学ぶ会」を開いており，そこで横浜市立大学の中島清さんをチューターに，古典的立地論を一通り勉強した．

西南学院大学に職を得た後は，九州大学経済学部の矢田俊文先生のゼミに参加させていただき，立地論を再度勉強し，議論する機会を得た．

1997年に東京大学に移ってからは，教養学部の1,2年生向けの授業で，立地論を中心とした講義を行っている．そこでの講義ノートが本書のベースともなっている．

このように異なる時期と場所で，立地論を学び，教えてきたが，それらに共通する私の立地論への姿勢は，①立地論を経済地理学の基礎理論として重視し，その発展を図ること，②数式展開やモデル構築に終始するのではなく，論理思考と現実への適用を重視すること，③ミクロ的・静態的理論ではなく，マクロ的・歴史的視点を重視すること，といった3点に集約される．これらの3点を本書を貫く視点として，立地論の議論を展開することに心がけた．

本書は，2つの部と序章と終章を含めて15の章からなっている．序章では，立地因子や立地競争など立地論の基礎概念を解説するとともに，立地論の系譜を整理している．第Ⅰ部「立地論の基礎」では，古典的立地論として，チューネンの農業立地論（第1章），ウェーバーの工業立地論（第2章），クリスタラー・レッシュの中心地理論（第3章），より現代的な理論として，オフィス立地論（第4章），クルーグマンの産業立地モデル（第5章），ポーターの産業クラスター理論（第6章）を取り上げ，それぞれの理論内容を解説している．

後半の第II部「立地論の応用」では，現代社会で注目されている諸課題として，リストラクチャリング（第7章），グローバリゼーション（第8章），ローカリゼーション（第9章），流通革命（第10章），IT革命（第11章），環境問題（第12章），福祉政策（第13章）を取り上げ，そうした課題を立地論でどのように考えたらよいか，立地論の適用可能性と新たな理論の展開を解説している．最後の終章では，立地論の課題を理論と政策の両面から提示している．

　なお，本書では，各章の末尾に演習問題を2題，入門文献を5点あげている．レポートの作成，より進んだ学習などに活用していただければ幸いである．また，キーワードは本文中に太字で示し，本文中で引用した文献については，巻末に文献一覧の形でまとめてある．

　ところで本書は，雑誌『地理』の2つの特集，「立地論のすすめ」（45巻4号，2000年）と「立地論で考える」（46巻3号，2001年）の原稿をもとにしている．

　本書の執筆陣は，各章それぞれのテーマに関し，注目すべき研究成果をあげている若手経済地理学研究者である．基本的には，平易な入門書をめざしたが，同時に高度な理論内容をも織り込む努力をした．さらに，一書にするにあたっては，統一性と内容の充実を図るために，大幅な加筆・修正を行っている．まだ，不十分な点や取り上げるべき点は多い．読者各位のご意見，ご批判を得て，さらに充実した内容にしていきたいと考えている．

　当然ながら，立地論は，さまざまな仮定に基づいて成立しており，そのまま現実に適用するには無理がある．しかしながら，現実の経済社会の複雑な事態を理解する上で，シンプルな理論は，かえって応用力が大きい．本書を読まれる方々が，立地論について興味・関心をいだかれ，多様な分野に立地論の考えを活かしていただければ幸いである．

　最後に，本書の出版を快くお引き受けいただいた古今書院の橋本寿資社長と特集の企画の段階からお世話いただいた『地理』編集部の太田昌勝氏に心よりお礼を申し上げたい．

2002年3月
松原　宏

目次

はしがき ... iii

図表一覧 ... vi

序章　立地論の基礎概念と系譜 ―――― 松原　宏　1

第I部　立地論の基礎
第1章　チューネンの農業立地論 ―――― 松原　宏　10
第2章　ウェーバーの工業立地論 ―――― 柳井雅人　18
第3章　クリスタラーとレッシュの中心地理論 ―――― 水野　勲　27
第4章　オフィス立地と都市システム論 ―――― 須田昌弥　38
第5章　クルーグマンの産業立地モデル ―――― 鈴木洋太郎　49
第6章　ポーターの産業クラスター理論 ―――― 加藤和暢　57

第II部　立地論の応用――現代的課題へのアプローチ
第7章　リストラクチャリング――企業組織と立地論 ―――― 松原　宏　68
第8章　グローバリゼーション――多国籍企業の立地論 ―――― 鈴木洋太郎　78
第9章　ローカリゼーション――集積論の新しい潮流 ―――― 藤川昇悟　86
第10章　流通革命――コンビニエンスストアの立地戦略 ―――― 箸本健二　98
第11章　IT革命――空間的な情報フローの刷新 ―――― 田村大樹　108
第12章　環境問題――リサイクル事業の立地 ―――― 外川健一　118
第13章　福祉政策――公共施設の立地・配分モデル ―――― 石﨑研二　130

終章　立地論の課題 ―――― 松原　宏　139

文献一覧 ... 151
索引 ... 163

図表一覧

図序-1　産業立地と経済地域の基礎モデル　2
図序-2　企業間の市場地域分割競争　4
図序-3　立地論の系譜と位置づけ　5

図1-1　チューネンの「孤立国」　11
図1-2　市場価格・生産費と地代　12
図1-3　地代曲線の交差　12
図1-4　地代付け値曲線と地帯構成　15

図2-1　ウェーバーの立地図形　19
図2-2　ウェーバーの原料指数のイメージ図　20
図2-3　利潤可能性の空間的限界　24

図3-1　財が補給されない地区　29
図3-2　中心地システムと補完区域　29
図3-3　交通原理と隔離原理　30
図3-4　レッシュ体系における4種の最小市場地域規模　32
図3-5　4種の最小市場地域規模に基づく中心地のレッシュ体系　33
表3-1　レッシュ体系における機能の複合性の階層秩序　33

図4-1　日本の主要都市における本社立地コスト（1990年時点）　41
図4-2　藤田＝小川モデルによる均衡土地利用パターン　42
図4-3　クリスタラー型都市システムとプレッド型都市システム　45

図5-1　ある製造業企業の立地行動　52

図6-1　立地の競争優位の原因　58
図6-2　カリフォルニアのワイン・クラスター　61
図6-3　価値連鎖の基本形　65

図7-1　直線市場における競争企業の立地　69
図7-2　企業の空間的展開のモデル　71
図7-3　複数企業・複数工場の立地類型　73
表7-1　高炉5社の製鉄所別粗鋼生産量の推移　74
図7-4　国内工場の「玉突き現象」　75

図8-1　プロダクト・サイクルと各国貿易構造の変化　79
表8-1　日本の対外直接投資（製造投資）の地域的割合の推移　80
表8-2　日本多国籍企業の主な立地行動　82

図9-1　第2の産業分水嶺と産業体制の諸特徴　88
図9-2　地域的集積における垂直的・水平的分離の進展　89
表9-1　推進力産業と新産業空間　90
図9-3　地域的集積における情報経路　94

表10-1　日本の小売業の従業員規模別店舗数推移　99
表10-2　日本のコンビニエンスストアの時系列推移　99
図10-1　大手CVSチェーンにおける米飯の発注・配送体制　101
図10-2　各類型を構成する店舗の空間分布　103
図10-3　物流拠点における配送圏と在庫配置の変化　104
図10-4　物流拠点における最小費用モデル　105

図11-1　ブレッドの専門情報による都市間連結イメージ　111
図11-2　空間的フローの類型　112

図12-1　ワンウェイ社会と循環型社会　120
表12-1　「再生資源卸売業」の地域別シェア　123
表12-2　全国エコタウン承認地域における事業の概要と特性　125

図13-1　施設立地問題の例　131
表13-1　施設立地に用いられる様々な評価指標　133
表13-2　数理計画問題としてみた古典的立地論　136

図終-1　基点価格による価格決定方式　140
表終-1　多国籍企業の立地に影響を与える要因の変化　141
図終-2　行政の助成金と利潤の空間的限界　145
図終-3　空間構造の発展過程　146

序章　立地論の基礎概念と系譜

松原　宏

いま，なぜ立地論か

　私の住むニュータウンでは，「近隣住区論」に基づきほぼ均等に配置された近隣商店街に，空き店舗が目立つ．一方で，週末になると大型店の駐車場は満杯になり，大型店同士の競争が激しさを増している．その大型店の広告に目をやると，福岡と栃木のいちご，北海道と長崎のじゃがいもが競い合っている．新聞を開けば，フランス企業から派遣された経営責任者によって，伝統のある工場が閉鎖されるとの記事が，大見出しで飛び込んできた．届いた手紙を整理していたら，銀行の支店が統合される旨のあいさつ状が出てきた．かくのごとく，我々の身の回りは，立地の話題であふれている．

　学問の世界はといえば，立地に対する熱い視線を感じることが最近多くなった．例えば，ハーバード大学教授で経営学界の第一人者マイケル・ポーター（Porter, M.）は，話題の書『競争戦略論』のはしがきで，次のように述べている．「業界構造，競争優位に対する活動ベースの考え方，そしてもっと最近の，競争における立地の役割に関する理論—この三つが，筆者の研究のすべてを貫く中心的なフレームワークである」（Porter, M. E. 1998, 訳書, p. 17）．グローバリゼーションが進展するなかで，逆に地域・場所・空間が注目を集め，立地論への関心が広がっているのである．

　このように，立地に関する話題は豊富で，関心の広がりがみられる一方で，立地論を研究し，教育する専門家はきわめて少なくなっている．立地論は，経済地理学のみならず地理学全体にとっても，重要かつ独自の理論体系であり，立地論の発展は，地理学の理論を鍛えていくとともに，立地政策などを通じて社会的貢献につながっていくものと考えられる．各論に先立ち，本章では立地論の基礎用語を解説するとともに，立地論の系譜を整理しておきたい．

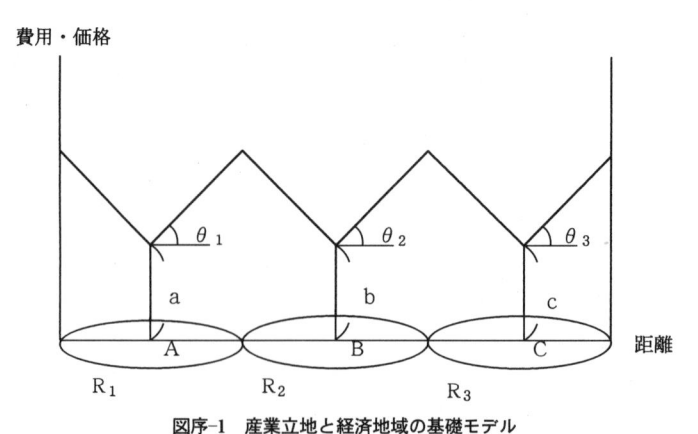

図序-1　産業立地と経済地域の基礎モデル
出典：Greenhut, M. L. 1956, 訳書（1972），p. 168 の図をもとに松原加筆作成．

立地論の基礎概念

　立地論の世界とはどういうものか，「Y」の基礎モデルを使って説明を加えることにしたい（図序-1）．この図で，横軸は空間的広がり，縦軸は費用および価格を示している．経済学では一般に横軸に産出量をとることが多いが，立地論の世界では横軸に空間的広がりをとる，この点にまず大きな特徴がある．なお，ここでは位置や距離で把握される**相対空間**を取り上げているが，これとは別に，企業や人々が活動する「容器」としての**絶対空間**に着目することも重要である．また，「等方性」を特徴とする**均質空間**を前提とするか，資源の分布や人口密度の違いを想定した不均質な空間を前提とするかによっても，理論の展開は変わってくる．

　さて，図序-1では3つの工場を示している．これらの工場の所有と経営がどうなっているかは，**立地単位**の把握という点で重要な検討課題となるが，ここではA, B, Cという3企業（立地主体）によって所有され，経営されていると考えることにする．これらA, B, Cの3企業が，それぞれ3つの地点に工場を立地させた理由を解明していくことが，立地論の中心的な課題となる．

　まず**立地決定**にあたっては，目標とする市場の決定（市場決定）から，市場に出荷できる地理的範囲の決定（地域決定），その地理的範囲内での地点の決定（地点決定）という段階的な手順を踏むのが一般的である[1]．

　そして立地決定においては，**立地条件**と**立地因子**の把握が重要となる．立地条

件とは、「立地主体に対して他の場所とは違った影響を及ぼすある場所のもつ性質あるいは状態」のことで、市場、用地、用水、原材料、労働力などの直接生産に関わる項目とともに、交通・通信施設などのインフラの整備状況、自然環境、地域社会の特質など、多種多様な項目からなっている。これに対し、立地主体が立地決定を下す際に、「評価を構成する要素でかつ場所的差異がある要素」が立地因子とされている。立地因子は、経済的因子と非経済的因子に大きく分けられ、経済的因子は費用因子と収入因子とに、さらに費用因子は輸送費因子と非輸送費因子とに分けられている。また、どのような価値基準や目的で立地決定を行うのか、これは**立地原理**の問題となるが、利潤の最大化と満足の最大化とに大きく分けることができる。前者はまた、費用の最小化と収入の最大化とに分けられるが、一般的には「経済人」仮説に則り、利潤最大化をめざして立地が決定されると考えられている。

ところで、図序-1のa, b, cは、各工場における製品1単位あたりの生産費を示している。生産費の内訳は、原材料費、労働費、燃料・動力費、工場敷地に関わる地代、機械設備や工場設備の減価償却費などからなっている。また図中の$\theta_1, \theta_2, \theta_3$は、それぞれ製品輸送費の傾きを示している。経済学の原論では、生産と消費が1点で行われる「ワンポイントエコノミー」の世界となっているが、立地論の世界では、生産と消費の空間的分離が一般的であり、空間を克服するために必要な諸費用（輸送費、交通費、通信費など）の存在は、きわめて重要なのである。こうした費用が存在するために、各企業の市場圏は仕切られることになり、こうした仕切りによって導き出された空間的範囲（R_1, R_2, R_3）は、**経済地域**の原型をなすものと考えられる[2]。

図序-1の空間を均質空間とし、利潤が得られる限り新規に企業が参入し、しかも自由競争が行われているとすれば、空間は立地企業によって均等に分割されて均衡する。これは、レッシュ（Lösch, A.）の立地論のエッセンスにあたる。

しかしながら、現実の世界は、費用や収入の地域差がある不均質な空間からなっており、また立地主体間の格差も存在する。イギリスの立地論者デーヴィッド・スミス（Smith, D. M.）は、各種費用や収入の地域的差異を考慮して空間費用曲線と空間収入曲線を描いた（第2章の図2-3）。ウェーバー（Weber, A.）が明らかにしたのは、最小費用地点（図中のO）への工場の立地であった。企業が売上高の最大化をめざしているとすれば、最大収入地点（図中のB）への立地

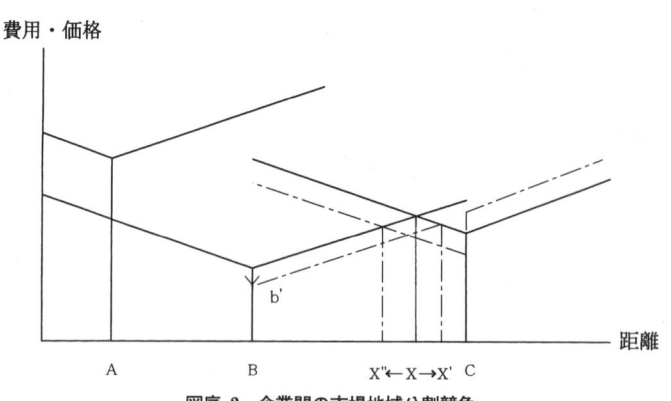

図序-2 企業間の市場地域分割競争
出典：Smith, D. M. 1971, 訳書（1982）, p. 147 の図をもとに松原加筆作成．

となる．また，満足を最大化したいとする企業にとっては，これらの地点にとらわれないが，経営を成り立たせるためには，**利潤可能性の空間的限界**（Ma, Mb）の範囲内で考える必要がある．

　立地主体間の格差は，図序-2 の「Y」の形に表れてくる．ここで輸送費に関しては，交通・通信の発達や製品の小型化，輸送業者間の競争などを通して小さくなる傾向にあるが，どの立地主体にも共通に作用するのが一般的である．したがって，生産費の低下が第1のポイントとなる．ここでは，立地条件の差に基づく場所ごとの差異の効き方，製品・工程両面にわたる技術革新の導入，機械化の程度や低賃金労働力の利用可能性など，多様な競争が展開することになる．寡占間競争が支配的となっている現代においては，①高コスト工場をかかえる企業の淘汰（図中の A），②市場拡大を通じた「**規模の経済**」の獲得とそれによるさらなる市場拡大（B 企業による b' と X'），③相手企業との競争が激しい地域で販売価格を下げ，自社に有利な地域で価格を上げるといった差別的な空間価格戦略による市場の拡大（C 企業による X"）など，さらに多様な**立地競争**の世界が出現している．

　このように，「Y」のモデルは，立地論の基礎を示すとともに，現代立地論の発展にとっても多くの示唆を与えているのである．

立地論の系譜

　立地論はどのように生まれ，どのように発展してきたのか，立地論の学説史を

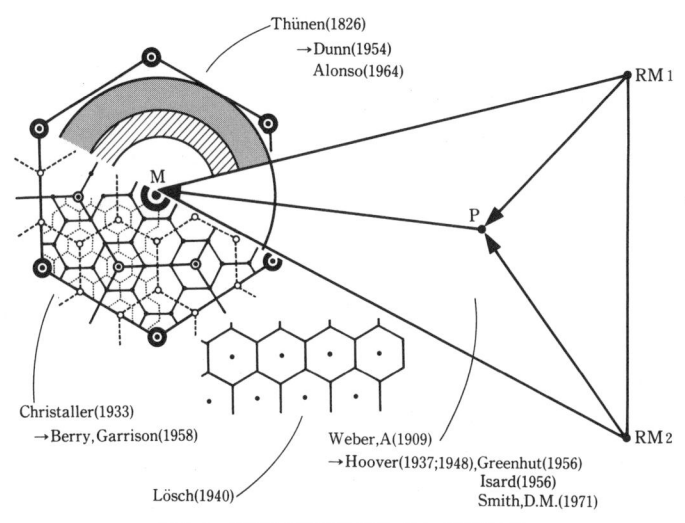

図序-3　立地論の系譜と位置づけ（松原作成）

注：RM_1, RM_2 は原料産地，M は市場（＝大都市），P は工場立地点を示す．左上の同心円はチューネン圏もしくは都市の土地利用をクリスタラーの六角構造の中に埋め込み，一部を示したものである．

簡単にまとめておこう[3]．

　立地論の古典として現在でも著名な研究成果は，すべてドイツの研究者によって，19世紀半ばから20世紀前半の間に著されている．すなわち，農業立地論についてはチューネン（Thünen, J. H. v.）の『農業と国民経済に関する孤立国』(1826年)，工業立地論についてはウェーバーの『諸工業の立地について　第1部―立地の純粋理論』(1909年)，中心地理論についてはクリスタラー（Christarller, W.）の『南ドイツにおける中心地』(1933年)，レッシュの『経済の空間的秩序』(1940年)が，それぞれの分野における古典となっている．

　詳細は各論で展開されるので，ここでは全体的観点からそれぞれの理論を位置づけておこう．市場と立地をそれぞれ「点」で捉えているか，「面」で捉えているかによって，古典的立地論を3つに分けることができる（図序-3）．

　第1は，市場を「点」，立地を「面」で捉えているもので，チューネンの農業立地論が該当する．これは，農業が他の産業に比べ相対的に広い土地を必要とすることによっている．チューネンは，1点市場＝大都市を中心として，そこからの距離に応じて同心円状に作物・農業経営様式が展開していくさまを描き出して

いる．

　第2は，市場，立地ともに「点」で捉えているもので，ウェーバーの工業立地論がこれにあたる．ウェーバーは，原料産地と市場を**立地三角形**の頂点として，原料産地から工場，工場から市場への原材料と製品の輸送費の最小地点に工場の立地が決まるとしている．その上で労働費を考慮した場合の偏倚，集積を考慮した場合の偏倚というように，段階的に理論構築を進めている．

　第3は，市場を「面」，立地を「点」で捉えるもので，クリスタラーとレッシュの中心地理論が該当する．クリスタラーは，高次・低次の財・サービスの到達範囲をもとに，最小の中心地数で財・サービスを全域に供給する重層的な空間的システムを構築し，ついでこれを偏倚させる交通原理と行政原理に基づくシステムを考察している．これに対しレッシュは，利潤の最大化をめざす企業が自由に新規参入し，市場圏を削りあう結果，均質な市場空間が均等に分割されるモデルを原型として示している．

　これらの古典的な立地論は，ドイツから世界各地に伝播していくが，とくに1950年代にアメリカでは**新古典派経済学**による精緻化，**計量革命**のなかでのモデル化が積極的になされていく．

　チューネンの農業立地論は，ダン（Dunn, E. S.）によって一般均衡モデルの形で整理され，またアロンゾ（Alonso, W.）やミュース（Muth, R. F.）などによって**都市的土地利用理論**へと発展していった．

　ウェーバーの工業立地論も，フーヴァー（Hoover, E. M.）によって，**マージン・ライン（市場端点送達価格連結線）**の導入や集積の内容についての整理がなされ，またグリーンハット（Greenhut, M. L.）によって，企業間の相互依存関係，寡占理論の工場立地問題への適用，収入増大因子や個人的因子も組み込んだ新しい立地因子論など，新たな観点が付与された．さらにはアイザード（Isard, W.）によって，輸送費と労働費との代替関係が経済学の一般モデルに融合されるとともに，立地論を統合する試みもなされた．

　クリスタラーの中心地理論は，ベリー（Berry, B. J. L.）やギャリソン（Garrison, W. L.）によって計量的手法による精緻化がなされるとともに，**成立閾人口**や**階層規定財**などの新たな概念が導入された．なおアメリカでは，こうした立地論とは別に，ホテリング（Hotelling, H.）やチェンバリン（Chamberlin, E. H.）などが，1920年代から30年代にかけて，「**空間独占の理論**」を展開している点

も注目される.

これに対しイギリスでは，工場や企業の経営に関するより現実的な観点を重視した立地論が展開されている．例えば，エストール（Estall, R. C.）とブキャナン（Buchanan, R. O.）は，輸送費や市場とともに，エネルギー源，労働，資本，生産規模と技術，政府の役割など，立地に関わる多様な側面の検討を行っている．スミスも，空間費用曲線と空間収入曲線を導入したモデルを提示するとともに，費用と需要の地域的変動についての具体的な検討を行っている．この他スウェーデンでは，オリーン（Ohlin, B.）が立地論の成果を取り入れて**貿易論**を構築したり，パランダー（Palander, T.）がウェーバー立地論の批判的検討や**不完全競争**の理論の立地論への適用を行うなど，独特の展開がみられた．

ところで，日本においても，ドイツの古典的立地論の紹介が第2次大戦前から行われ，理論的な検討がなされた．こうした日本における立地論研究の「第1世代」としては，菊田太郎，川西正鑑，伊藤久秋，江澤譲爾などの研究者をあげることができる[4]．

第2次大戦後になると，立地論の代表的著作が次々に翻訳され，立地理論の内容の豊富化が図られるとともに，工業立地政策に積極的に関わる研究者も多数みられた．こうした立地論「第2世代」には，青木外志夫，春日茂男，米花　稔，宮坂正治，西岡久雄，村田喜代治，金田昌司などがいる．一方，少数ではあったが，マルクス経済学の観点から立地論を再構成しようとした研究者の存在も特筆される．なかでも山名伸作は，立地論の内容を詳細に検討し，資本の空間的運動の理論化を図っている（山名伸作, 1972）．

1980年代以降になると，「第2世代」を継承する立地論の専門家（中島　清や石川利治など）に加えて，経済地理学の理論構築をめざす動きの中で，立地論が様々な研究者によって再検討されるようになる[5]．とりわけ，**地域構造論**の理論的発展において，立地論が積極的に位置づけられ，内在的な検討が進められている点が重要であろう[6]．この他，「**地域科学**」の専門家も，新たな立地論構築に積極的である（藤田昌久など）．こうした立地論への多様なアプローチの中で，本書の執筆陣をはじめ「第3世代」が形成されてきているのである．

以上，立地論の基礎概念や系譜について述べてきたが，以下，第I部では古典的な立地論の解説を中心に基礎理論の理解を，第II部ではそうした基礎理論を

もとに，現実の問題に対して立地論をどのように適用していったらよいのかについて考えていくことにしたい．

注
1) 西岡久雄（1968）『経済立地の話』日経文庫を参照．
2) 一般には，「地域経済」という言葉のほうがよく使われる．ただし，多くの論者は，○○県の経済や○○市の経済のように，地域経済の存在を既定のものとして捉える傾向が強い．これに対し川島哲郎は，地域内部に機能的統一性を有する「国民経済内部の地域的構成部分」を地域経済とし，「生産・流通にかんする核をもち，ある範囲の経済の地域的循環が独立して行なわれる場合に，はじめて地域経済が成立しうる」と述べている（大阪市立大学経済研究所編（1992）『経済学辞典（第3版）』岩波書店，p. 866）．そして，経済の地域的循環が形成される基礎的な条件に，経済の空間的制約の問題があるとして，「1）空間輸送距離の問題，2）生産の空間的集約にかんする限界の問題」の2点を指摘している．こうした川島の見解を踏まえて，ここでは，輸送費の存在や集積の限界といった経済の論理の下で，形成されてくる圏域を「経済地域」と呼ぶことにする．なお，空間的な「仕切り」は，消費者の民族的・文化的特性や，政治的・制度的差異化によっても形成される．
3) 立地論そのものに限った学説史ではないが，経済地理学の学説史に関しては，国松久弥（1979）『経済地理学説史』古今書院や春日茂男（1986）『経済地理学の生成』地人書房を参照．また，人文地理学の学説史に関しては，Johnston, R. J. 1991, 訳書（1997, 99）を参照．
4) 日本における立地論研究の成果については，西岡久雄（1976）『経済地理分析』大明堂の文献表を参照．
5) 水岡不二雄（1978）「立地論と差額地代論」『人文地理』30-2, pp. 21-39, 山口不二雄（1982）「立地論ノート」『法政大学文学部紀要』28, pp. 57-100 など．
6) 矢田俊文（1986）「産業構造の展開と経済の地域構造」（所収川島哲郎編『経済地理学』朝倉書店），矢田俊文編（1990）『地域構造の理論』ミネルヴァ書房，山﨑　朗（1999）『産業集積と立地分析』大明堂など．

[演習問題]
1　交通・通信手段の発達した現代社会において，生産や消費といった経済現象の地域や場所による違いはなくなってきているだろうか．経済現象の空間性や地域性，場所性をどう考えたらよいだろうか．
2　日常生活の身近なところで，立地に関係する話題を探してみよう．そして考察を加えてみよう．

［入門文献］
1　富田和暁（1991）『経済立地の理論と実際』大明堂．［要約版として，(1996)『地域と産業―経済地理学の基礎』大明堂もある］．
2　山本健兒（1994）『経済地理学入門』大明堂．
3　Dicken, P. and Lloyd, P. E. (1990) *Location in Space*. Third. ed. London : Harper & Row.［ディッケン・ロイド著，伊藤喜栄監訳（2001）『改訂版　立地と空間（上・下）』古今書院］
4　西岡久雄（1976）『経済地理分析』大明堂．
5　春日茂男（1982）『立地の理論（上・下）』大明堂．

1と2は，古典的立地論の基礎と実際の立地についての解説がバランスよく配されている．3は英語圏での本格的なテキストの訳書で，立地論の理解はかなり深まる．4と5は，立地論の内容について詳しい検討がなされており，より進んだ勉強に適している．

第Ⅰ部　立地論の基礎

第1章　チューネンの農業立地論

松原　宏

チューネンの生きた時代[1]

　チューネン（Johann Heinrich von Thünen）は，1783年に北西ドイツのオルデンブルグで農場主の息子として生まれた．早くから農場での実習を積み，一時期ゲッチンゲン大学で学んだことがあるものの，1810年に入手したロストック近傍のテロー農場で生涯の多くを模範的農場経営者として過ごし，1850年に亡くなっている．このテロー農場での綿密な収支計算の記録をもとに1826年に出版されたのが，農業立地論の古典とされる『農業と国民経済に関する孤立国』である．

　当時のドイツでは，プロシアによる農制改革の下，貴族，大土地所有者が農場経営者へと転移していくが，こうした農業労働者を雇う地主兼農業資本家にとって，新しい合理的な農法と経営目標が求められていた時代であった．当時のドイツの農学者テーアが，休閑地を必要としない集約的な輪栽式農法をドイツ全土に普及させ，収量を増大させることを提唱したのに対し，チューネンは地域によっては必ずしも輪栽式が有利ではないことを論証しようとし，経営目標を収益増に求めたのである．こうしてチューネンは，最大収益をもたらす農業生産様式の空間的配置に関する一般原理を明らかにしようとしたのである．

チューネン圏の形成メカニズム

　チューネンは『孤立国』の冒頭で，前提条件について次のように述べている．「一つの大都市が豊沃な平野の中央にあると考える．平野には舟運をやるべき河流も運河もない．平野は全く同一の土壌よりなり，至るところ耕作に適している．

都市から最も遠く離れた所で平野は未耕の荒地に終わり，もってこの国は他の世界と全く分離する．……都市はそれを取り巻く平野からのみ食料品を供せられうる」(Thünen 訳書, p. 39)．その上で，次のような問題を発している．「農業が最も合理的に経営される時には，都市からの距離の大小は農業に対していかなる影響を与えるか」．このように，チューネンは，土地の豊度など自然条件の差異を考慮しない均質空間を前提に，都市からの距離のみを問題として農業様式の配置の問題を考えたのである．

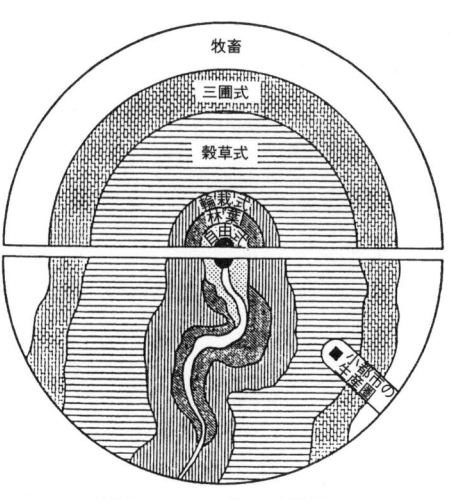

図1-1 チューネンの「孤立国」
出典：Thünen, J. H. von. 1826, 訳書 (1974), p. 296

そうした問題にチューネンが与えた解答が，**チューネン圏**である（図1-1）．すなわち，中心に位置する大都市から，自由式農業，林業，輪栽式農業，穀草式農業，三圃式農業，牧畜といった異なる作物・農業組織が，内側から外側に同心円状に拡がるとしたのである[2]．

では，どのようにしてこうした**同心円構造**が形成されるのか，チューネンは市場からの距離と生産組織のあり方の2要因に注目しているが[3]，ここでは前者を中心に**地代曲線の交差**によって説明を加えよう．図1-2は，横軸に大都市からの距離，縦軸に費用もしくは価格をとったものである．i作物の生産物単位当たり市場価格を P_i （大都市のみで消費されるとしているので価格の地域差はない），農業生産にかかる種子代，肥料代，機械の費用，労賃などの単位当たり生産費を C_i （チューネンは場所による違いを詳しく記述しているが，ここでは話を簡単にするために地域差がないものと考える）とする[4]．これらに加えて，農産物を市場に運ぶために単位当たり輸送費 (t_i) がかかることに留意することが大切である．したがって，j地点でのi作物経営者の単位面積当たり収益 (R_{ij}) は，$R_{ij} = Q_i(P_i - C_i) - Q_i t_i d_j$ の式で表され（ただし，Q_i は農産物iの生産量，d_j は市場からj地点までの距離），その値は距離とともに変化していく（図中の斜線の部分）．チューネンはこの収益を**地代**と呼んでいた（この点についても議論

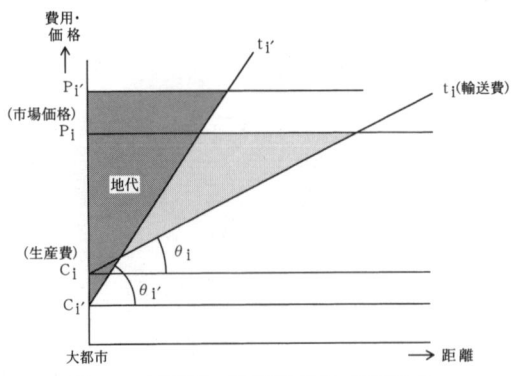

図1-2 市場価格・生産費と地代（松原作成）

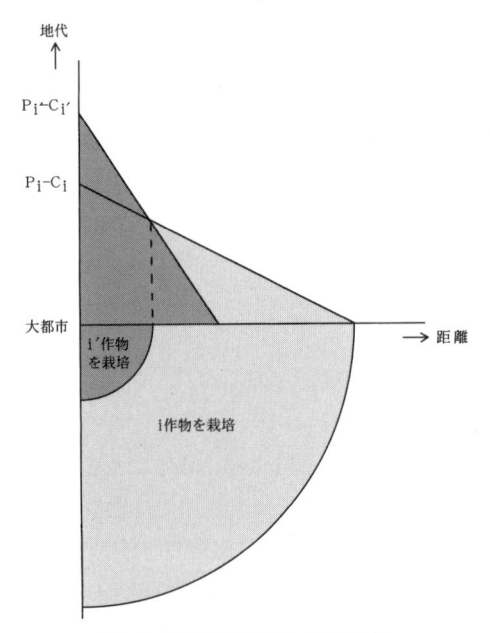

図1-3 地代曲線の交差（松原作成）

があるが，ここでは省略する）が，地代の大きさは，市場価格から生産費を差し引いた値（P_i-C_i）をy切片にとった右下がりの線として描くことができる（図1-3）．

この地代の線は，作物により市場価格，生産費，輸送費がそれぞれ異なるので，y切片（P_i-C_i），傾きの異なるさまざまな線として描かれることになる．輸送費の傾き（θi）は，農産物のかさや重量，腐敗しやすさなどの特性によってほぼ決まってくるのに対し，市場価格は農産物の需給関係によって変動する．地代の線の組み合わせは多様であるが，チューネンの圏構造においては，地代曲線が交差し，交差する地点を境に作物・農業組織が交代していく，そうした状況が想定されている[5]．すなわち，市場メカニズムを通じて，農産物市場と土地市場との均衡状態が同時にもたらされると考えられているのである．

このように，チューネンは，市場からの距離が輸送費を必要とさせ，それが地代の場所による差を生み出し，地代の差が土地利用の違いをもたらしていくという**等質地域構造**の形成原理を明らかにしたのである．

チューネン以降の農業立地論

チューネン以降の農業立地論としては，ブリンクマン（Brinkmann, Th.）とダン（Dunn, E. S.）の見解が代表的なものといえる．

ドイツの農業経営学者ブリンクマンは，1922年に著した著書『農業経営経済学』において，個別経営の利潤最大化に適合する**集約度**と経営方式を求める観点から農業立地を論じている[6]．ここで集約度とは，「農地単位面積あたりに費消[7]される労働および資本の量」をさし，経営集約度 $(I) = (A+K+Z)/F$ で表されている（ただし，A は労働費，K は資本財費消費，Z は経営資本に対する利子所要額，F は経営面積）．彼は，集約度を左右する4つの要因として，①農企業の交通地位，②農場の自然的事情，③国民経済の発展段階，④企業者の個人的事情をあげ，それぞれについて詳しい考察を加えている．とりわけ，農業立地と集約度との関係に関しては，市場に近くなるほど集約度が高まること，集約度の増加は，経営費の増加（同一作物の場合），粗放作目から集約作目への転換，土地休養期間の短縮・収穫回数という形態をとること，遠隔地では農業が単調になるのに対し，市場近接地帯では多様な集約的農業が展開することなどの諸点を指摘している．

これに対し経営方式については，チューネンの議論に加えて，農場面積の差異に注目し，**「地代指数」**という概念を提示している．これは，「立地が市場に近づいた場合に発生する生産物の生産費および運搬費の単位面積あたりに計算した節約余剰」とされている．考察の結果ブリンクマンは，「販売生産物の単位面積あたり収量が大きければ大きいほど，または土地所要量が小さければ小さいほど，さらに節約指数が大きければ大きいほど，市場がその立地の上におよぼす牽引力は大である」，「立地獲得競争の勝敗を左右するものは一般に土地所要量である」，「相似た土地所要量をもつ生産物間の場合においてだけ，節約指数が，実際上の重要性をもち得る」という命題を導き出している．

このように，ブリンクマンはチューネンの理論を個別農業経営の観点からより詳しく検討したのに対し，農業立地論を一般均衡論へと発展させたのがアメリカの立地論者ダンである．ダンは，1954年に刊行した著書『農業生産立地理論』において，チューネンの理論を数式で表し，チューネンが明らかにした位置に基づく農業立地の圏構造を経済学的に解釈し直している（Dunn, E. S., 1954）．また，需要および価格についての考察を加え，農業の空間経済についての一般均衡

理論を価格，需要，境界線，供給の4つの変数をもとに展開している．ここでダンは，チューネンのモデルを数式化するとともに，制限仮定を陽表的にし，均衡過程を定式化し，分析を相互依存的価格体系と結びつけることの重要さを明らかにしている．ダンはまた，産業的分析を拡張し，農業生産の空間的分布に及ぼす企業均衡の影響を包含する試みを展開している．そこでは，ブリンクマンの見解を受けて，技術的相互関係や結合生産費，結合生産行程といった複合的農業経営組織を想定した場合の修正が検討されている．さらには，距離によって変化する運賃率，多数市場，輸送方式の多様化，資源の空間的多様性など，これまでの仮定を緩和した場合の影響が考察されるとともに，人口移動，消費者の選好の変化，所得の変化，技術革新の影響，需要・供給両者の相互関係など，動態的要因に関する考察をも行っている．

現代的意義と課題

チューネンの農業立地論の要点は，市場に生産物を輸送する際の**距離の摩擦**にあった．したがって，距離の摩擦（図1-2のθi）が小さくなればなるほど，チューネン理論の適用範囲は狭くなってくる．チューネン圏の実例として，昭和初期の東京の農業やウルグアイの農業的土地利用など，過去の事例や途上国の事例が取り上げられたり，ヨーロッパや合衆国といったより大きなスケールでの収益の地帯別格差が取り上げられるのは，こうした距離の摩擦の効き方が関係しているのである[8]．

では，現代日本の農業立地を考える場合，チューネンの理論はもはや無用な議論なのであろうか．交通手段・輸送技術の発達によって，確かに輸送費のもつ意味は低下してきている．産地間の競争においては，むしろ市場価格の面でいかに高値で販売できるか，あるいはまた他の産地に比べいかに生産費を下げることができるか，こうした点が重要になってきている．また，1点市場ではなく，複数の市場が存在し，農産物の価格形成はより複雑になっている．コンピュータネットワークの発達によって，市場価格や産地別の入荷量などの情報が各産地や個々の農家に刻々と伝わるようになっており，複数の市場を相手に，複数の点的な産地が競合する，さらには産地内部でも個々の経営体が競合する，そうした競争が展開されている．しかも，輸入農産物が大量に流入してきている状況では，産地間の競争は国際的なスケールに拡がっており，市場価格の内外価格差によって，

周辺部の農業地域は打撃を受け，耕境が縮小する可能性が高くなっている．あるいはまた，食品の安全性や味に関する消費者の姿勢が厳しくなるにつれて，産直などの市場を通さない流通ルートが広がってきており，生産者と消費者との「距離」が変化をみせている．このように，点的な**産地間競争**が中心となっている現代農業にあっては，チューネン圏のような圏構造で農業立地をおさえることは不可能になっている．しかしながら，市場からの距離と生産組織の違いに注目するチューネン理論の基本的枠組みは依然として有効であり，論者は理論の修正を通じて現代的な農業立地を説明していくことが可能なのではと考えている．

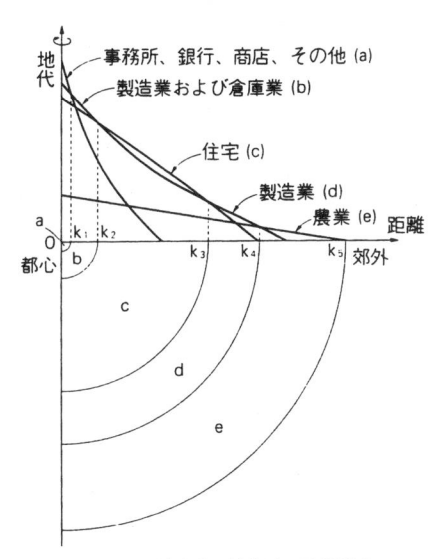

図1-4 地代付け値曲線と地帯構成
出典：Nourse, H. O. 1968, 訳書（1971), p. 124
に松原加筆

ところで，現代農業では見出しにくくなっているチューネン圏は，**都市内部土地利用理論**の形で発展し，現在にいたっている．たとえばナース（Nourse, H. O., 1971）は，農業，商業，工業，住宅について，立地特性を考慮して，それぞれ勾配の異なる**地代付け値曲線**を図示し，付け値競争の結果，各地点で最高の地代を支払うことのできる部門の利用が卓越するとして，同心円状の土地利用パターンを描いている（図1-4）．このようにチューネンの理論は，豊度の違いに基づき，しかも1作物を中心とした通常の地代論の議論とは異なり，位置の**差額地代**，しかも複数作物を考慮した地代論として，現代都市の土地利用理論，都市地代論の基礎をなすものとして，現在でも重要な位置を占めているのである．

もちろんこうした説明には，土地利用主体の多様な動向や排他的土地所有の存在を強調する見解など，多くの批判が出されている．また，希少な土地のみに成立する「独占価格」に基づく**独占地代**に注目したり，垂直的土地利用や追加投資を前提とした**差額地代**の「**第2形態**」を重視すべきとする見解や，付け値曲線を利用した動態化の試みなど，都市地代理論についての検討課題は少なくない[9]．

以上，対象とするスケールによって，また時代によって現れ方はさまざまに変

化してきているものの，空間的距離に関わる摩擦が存在する限り，基本モデルとしてのチューネンの理論は不滅なのである．

注

1) 近藤康男（1974）『近藤康男著作集第1巻　チウネン孤立国の研究』農山漁村文化協会では，『農業と国民経済に関する孤立国』の翻訳の前に，「チューネンの時代とその学説＝解説」と「チウネン伝」が収録されている．

2) 自由式農業では，肥料を都市から供給されるために，休閑地を必要とせず，作付け順序の拘束がない．主に，野菜や花卉，牛乳を生産する．第2圏に林業が登場するのは，当時のドイツでは薪や建築材として木材需要が多く，木材の輸送費が高いためである．輪栽式農業は，農地を4つに分け，4年サイクルで，夏穀，冬穀，豆科の牧草，根菜を交互に栽培するもので，穀草式農業との違いは，休閑地を必要としない点にある．穀草式農業では，耕地が夏穀，冬穀，休閑地，牧草地とに分けられ，穀作と放牧とが交互に行われる．三圃式農業では，耕地を夏穀，冬穀，休閑地とに3区分し，3年周期で輪作がなされ，耕地以外に広大な永久放牧地が必要となる．

3) 加藤和暢（1990）「農業地帯と過疎問題」（矢田俊文編『地域構造の理論』ミネルヴァ書房）pp. 169-179 では，作物理論と集約度理論による説明がなされている．

4) 中島　清（1980）「チューネン農業立地論の地代論的考察」『経済地理学年報』26-1, pp. 73-107 では，詳しい検討がなされている．

5) チューネン圏構造の形成条件については，レッシュやダンによる考察がある．また西岡久雄は，必要・十分な条件式を示している（西岡久雄（1976）『経済地理分析』大明堂，pp. 150-151）．

6) ブリンクマンの農業立地論については，Brinkmann, Th. (1922) *Die Oekonomik der landwirtschaftlichen Betriebes, Grundriss der Sozialökonomik* 7. Abt. Tübingen: J. C. B. Mohr. ［ブリンクマン著，大槻正男訳（1969）『農業経営経済学〈改訳版〉』地球社］および春日茂男（1982）『立地の理論（下）』大明堂を参照．

7) 消費財の生活的消費から区別するために，ここでは生産財の生産的消費を費消と訳している．後述の「資本財費消費」も，物財費など，資本財の費消にかかる費用を意味する．

8) 富田和暁（1991）『経済立地の理論と実際』大明堂では，理論の解説，適用と応用，現代日本の農業への適用可能性が検討されている．

9) この点については，松原　宏（1990）「大都市圏と地帯構成」（所収矢田俊文編『地域構造の理論』ミネルヴァ書房）を参照．

［演習問題］

1　現代農業の立地を考える場合，チューネンの農業立地論で説明できるだろうか．修正

すべき点，新たに付加すべき点はどのような点だろうか，考えてみよう．
2　中心となる駅から周辺に，徒歩もしくは交通手段を使って移動し，中心からの距離とともに，土地利用や施設の立地がどのように変化しているか，観察してみよう．

［入門文献］

1　Grigg, D. B. (1984) *An Introduction to Agricultural Geography*. London: Hutchinson.［グリッグ著，山本正三ほか訳 (1986)『農業地理学入門』原書房］
2　坂本英夫 (1990)『農業経済地理』古今書院．
3　国松久弥 (1971)『都市地域構造の理論』古今書院．
4　Thünen, J. H. von. (1826) *Der isolierte Staat in Beziehung auf Landwirtschaft und Nationalökonomie*.［チューネン著，近藤康男訳 (1974)『農業と国民経済に関する孤立国』（近藤康男著作集第1巻に所収）農山漁村文化協会］
5　Dunn, E. S. (1954) *The Location of Agricultural Production*. Univ. of Florida Press.［ダン著，阪本平一郎・原納一雅訳 (1960)『農業生産立地理論』地球出版］

1と2は，農業立地論を含め，農業地理学について，平易に解説がなされている．3は，都市土地利用理論について，豊富な研究成果が紹介され，基本的な考え方が解説されている．4は，農業立地論の古典，詳しい解説が付されている．5は，農業立地論を現代的立地論に高めた代表的な研究である．

第2章　ウェーバーの工業立地論

柳井雅人

工業立地論の開祖

　アルフレッド・ウェーバー（Alfred Weber 1868-1958）は，工業立地論の総合的な体系を，初めて打ち出した人物で，高名な社会学者であるマックス・ウェーバーの弟でもある[1]．彼は，輸送費をベースに，工業立地論を抽象的に描く**純粋理論**と，資本主義の経済体制を前提として実証してゆく経験的分野にわけて執筆する構想をもっていた．けれども後者については，まとまった形で刊行されてはいない[2]．

　ウェーバーの関心は，「人口の大規模な地域間移動」と「大都市における人口集積」の解明にあった．しかし彼は，人口そのものの分析から取りかからず，当時，人口移動を引き起こす本質的な要因であった，工業の立地移動の分析から始めたのである．一見，回り道に見えるアプローチが，現実の人口移動を深く洞察する分析法を生み出したことは，今日の研究にも重要な示唆を与えつづけているのである．

理論の支柱：輸送費論

　ウェーバー理論の核心は**立地因子**の捉えかたにある[3]．立地因子とは，「経済活動が，ある特定の地点，あるいは一般的にある特定の種類の地点で行われるときに得られる利益をいう．『利益』とはすなわち『費用の節約』」である（Weber 1909, 訳書, p.16）．つまり商品価格を一定として，輸送や労賃などにかかる費用を，最も節約できる地点を選択する立地モデルを，彼は作ったのである．

　分析の第1段階は，距離に応じて規則的に変化する輸送費をもとに，工場が立地を決定するマップ（「基本網」）を作成するレベルである（**輸送費指向**）．次に，第2段階は輸送費による最適立地からの移転をひきおこす要因として，労働費の因子を考慮する（**労働費指向**）．そして第3段階では個々の工場が，社会的に集

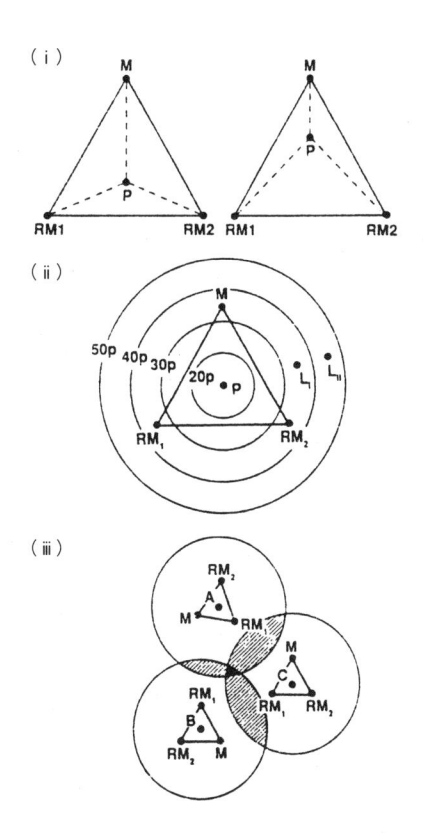

図 2-1 ウェーバーの立地図形
出典：Healey, M. J. and Ilbery, B. W. (1990)
注：
(i) は，立地三角形上において輸送費が最小となる地点を求めた輸送費指向の図である．ここで M は市場，RM1, RM2 は 2 種類の原料産地，P は工場を示す．左側の図は，原料地に，右側の図は市場に，それぞれ引っ張られた工場の立地を示している．
(ii) は，労働費指向に関する図で，輸送費最小地点 P から低賃金地点 L_I, L_{II} への移動可能性を示している．P からの同心円は，輸送費の増分に応じた等費用線を示す．仮に P に比べ，L_I, L_{II} の賃金が 40 ポンド安いとすると，この額（40 ポンド）に相当する等費用線を臨界等費用線という．臨界等費用線より内側に位置する L_I には工場は移動するが，外側に位置する L_{II} には移動しない．
(iii) は，集積に関する図で，輸送費最小地点に立地している小さな工場 A，B，C が集積するか否かを示している．一般に工場が集積すると，規模の経済が働き生産費用が低下すると考えられる．仮に，2 つの工場が集まった場合には 30 ポンド，3 つ集まった場合には 40 ポンドの費用低下が見込めるとし，図中の 3 つの円がそれぞれ 40 ポンドに相当する臨界等費用線であるとすると，3 つの円が交差する地域にのみ，3 工場が集積しうることを示している．

まることによって生じる集積因子を取り上げている（**集積**）．

ウェーバーは最初に，原料供給地の分布，市場の位置と規模，労働力の供給地は所与とし，労働力は移動せず，労働費の水準は固定的で，労働力の供給は無制限であると仮定している．また輸送手段や輸送路，輸送対象の性質も，重量と距離をもとに数値によって規則的に測定でき，輸送費に換算できるとしている．この輸送費に基づいて表現された，消費地と原料供給地のポジションをつないで描かれる図形を立地図形という（図 2-1）．

いま単純化のために，市場と原料供給地の 2 点の間で，工場がどこに立地するのかを見てみる（図 2-2）．その際，立地に影響を与える原料を，空間的な分布のかたちに応じて分類してみる．1 つは全地域にくまなく分布している**普遍原料**であり，他は特定の場所に存在する**局地原料**である．さらにそれらは，製造過程の前と後での重量の変わり方という観点から，**純粋原料**と**重量減損原料**に分類さ

```
                    工場①      工場②      工場③
            ┌───┐                              ┌───┐
            │原料地│━━━━━━━━━━━━━━━━━━━━━▶│ 市場 │
            └───┘                              └───┘
```

（ⅰ）原料指数＞1の場合（■■／■）

```
         ①  ─────────■─────────────▶

             ━■■━▶ ② ┈┈┈┈┈┈▶

             ━━━━━━━━━━━━━━■■ ③
```

（ⅱ）原料指数＝1の場合（■／■）

```
         ①  ─────────■─────────────▶

             ━■━▶ ② ┈┈┈■┈┈┈▶

             ━━━━━━━━━━■ ③
```

（ⅲ）原料指数＜1の場合（■／■■）

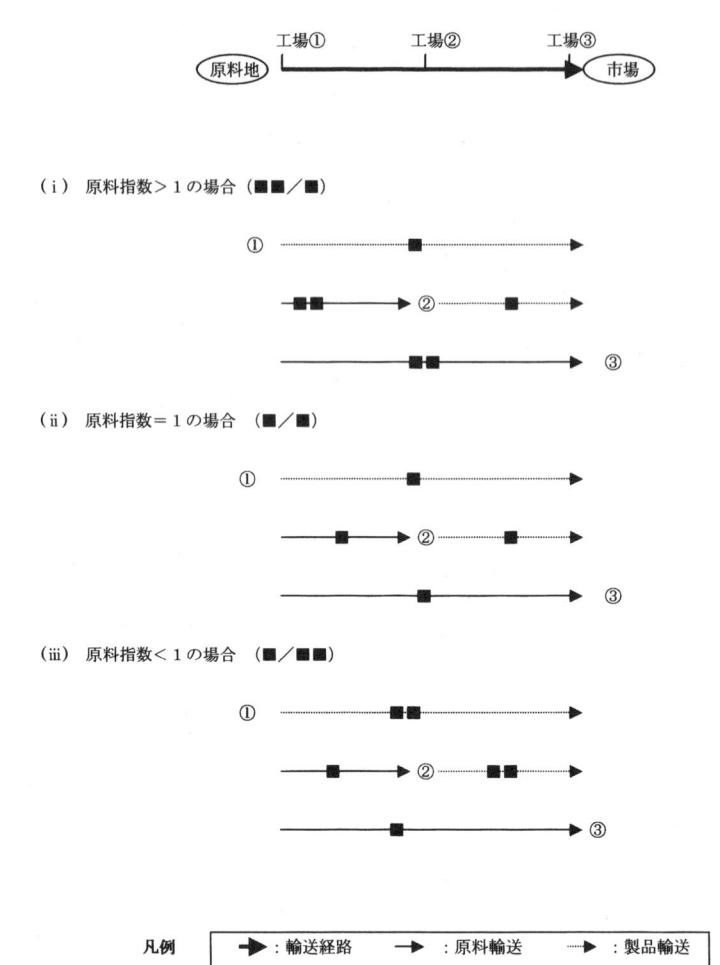

```
         ①  ─────────■■────────────▶

             ━■━▶ ② ┈┈┈■■┈┈▶

             ━━━━━■ ③
```

凡例　▬▶：輸送経路　─▶：原料輸送　┈▶：製品輸送
　　　■：重量1単位

図 2-2　ウェーバーの原料指数のイメージ図（柳井作成）

れる．前者はすべての重量を製品に移すものであり，後者は一部のみが移転する原料である．

　このような分類をふまえた上で，**原料指数**（MI＝局地原料重量／製品重量）を使うことによって，明確な立地指向を示すことができる．図 2-2 の（ⅰ）は，局地的な重量減損原料を使用する場合である．工場が①の地点にある場合は，重量 1 単位のものを市場まで輸送すればよいが，②の場合は，工場まで 2 単位の輸

送をすることになり，輸送費がアップしてしまう．(ii) のケースは，①であろうが，②や③であろうが，重量に差がない純粋原料を使用しており，立地点は自由である．(iii) の場合は，①に工場がある場合，全部の経路で2単位の輸送をし，②でも工場から市場まで同じことになる．したがって市場のある③地点が最適立地点となる．

以下にこれらをまとめてみるが，括弧の中の具体例は，現在では輸送条件の改善などで市場指向が強まっていることを念頭において示している．

(i) 原料指数 ＞ 1 の場合は，原料地指向
 (鉄鋼業，セメント工業[4]，など)
(ii) 原料指数 ＝ 1 の場合は，立地自由
 (石油精製・石油化学工業[5]，機械器具組立，医薬品製造など)
(iii) 原料指数 ＜ 1 の場合は，市場指向
 (ビール製造業[6]，清涼飲料製造業，しょうゆ醸造業など)

こうした原料の相違で立地の指向を示す以外に，**労働係数**（＝労働費／立地重量）などもあげている[7]．この労働係数が大きければ，輸送費最小地点からはずれて，遠くの低廉な人件費ですむ地域へ移転する傾向が大きくなる．

一言で言えば，輸送費最小地点から離れることによる輸送費のアップ分と，安い人件費による費用のダウンの差がかなりあれば，移転するということである．日本の企業が，東北，九州地域の労働集約的な工場をたたんで，中国やベトナム，ラオスなどに進出する論理がこれである．

またウェーバーは，立地移転した場合に，新たにより有利な原料供給地が利用できるようになれば，原料供給地の代替が起こり，輸送費の節約が起こりうると指摘している．これはアジア各地に展開する鉄鋼，化学メーカーが原料供給地の役割をもつため，電機や自動車産業が素材の現地調達を進めて，いっそうのコストを下げる事態を示している．このような原料や素材供給地を付近にもつ場合，労働指向が強まるので，さらに産業集積を進める結果になる．

現代集積論の原型

集積は成り立ちかたにより，**純粋集積**（あるいは技術的集積）と**偶然集積**に分

類できる[8]．純粋集積は，コンビナートのように技術的，経済的な利益によって企業同士が寄り集まって成り立つものである．また偶然集積は集積そのものに利益を求めていないが，結果として集積ができあがる場合である．例えば希少資源の原料地に立地する工場群が，お互いに無関係に集積している場合である．現実には両者の性格をあわせもって集積ができあがっている．

　ウェーバーの純粋集積の成り立ちも，労働費による立地のケースと基本的に同じ原理である[9]．立地移動が可能な距離は，集積による費用節約分と輸送費の上昇分の一致する「**臨界等費用線**」までとなる．この際の費用節約は物的な**規模の利益**に加え，大労働市場や，下請け関連企業，金融，運輸，行政サービスなどの所在地へ容易にアクセスできることから生じる，費用の軽減を指している．後者に加え生産，流通時間の短縮や，重要な情報へのアクセスなど他の重要な面での利益も享受できるのであり，これを総称して「**接触の利益**」と呼ぶ．

　ウェーバーの集積分類は，輸送費に基づく市場集積，原料地集積，交通の要衝などでの中間地集積，低廉労働地集積などを主体として，非常にシンプルである．最近，脚光を浴びている産業集積論が，「取引コスト論」や「革新の風土（milieu of innovation）論」などを理論ベースに，複雑な集積論を展開しているが，その多くが費用論まで還元すると，ウェーバー集積論に帰着するように思われる[10]．ウェーバーの古典的理論で述べられている利益と，情報化が大きな作用をしている現代特有のものを区別する必要があろう．

　ウェーバーは，各工場の立地法則とそれらが集まった集積の形成法則を明らかにした後に，これらの話が，全体的な産業の配置（「**立地層**」）にどれだけ適用できるのかを考察している．具体的には，農業層，農業に指向する工業，工業に指向する工業，これらの体系を強化するものとして大都市に立地する中央組織層（中央官庁や知識層など），中央依存層（繁華街の飲食業や町工場など），地方に立地する局地的組織層（地方の役人や局地的な小売業など）をあげている．こうした全体像の中で，人口移動を引き起こす最大要因として，工業立地の役割を説いているのである．

マーシャル集積論との関連

　経済地理学では，ウェーバーの集積論がよく取り上げられるが，経済学の分野では，マーシャル（Marshall, A.）のものが主に取り上げられる場合が多い．そ

こで集積論のもう1つの源泉であるマーシャルの集積論について，ウェーバーとの比較をしながら触れてみる．

マーシャルの場合，集積は「産業の全般的な発展に由来する」**外部経済**の一例としてあげられている．それは「特定地域への特定産業の集積」という観点をもっている．

産業の地域集中化の要因は，クルーグマン（Krugman, P.）によると，3つにまとめられるという．それは①特殊な技能労働者の集中によって労働市場が形成されること，②特定産業に特化した非貿易投入財（地域内で調達される中間財やサービスなど）が安価に提供されること，③産業集中によって情報の伝達が効率よくなること（技術の波及）である．これらに加え，マーシャルは鉄道など社会的なインフラストラクチュアの形成も重視しているようである．

一方，ウェーバーの場合，重視する要因として，（ア）技術的用具の改善（専門，補助，修理，交換などの機能の集積），（イ）労働組織の改善，（ウ）経済組織への適応（大量購入・販売や信用調達などによるコスト低下），（エ）一般費の低下（ガス，水道，交通施設などの安価な利用）をあげている．

どの程度，両者の要因が重なっているのかは，分析の枠組みも異なり，判別が困難であるが，少なくとも労働力市場の優位性と中間財投入のメリット，インフラ形成を強調する点などの共通性があろう．しかしマーシャルで見られた「技術波及」の指摘は，ウェーバーではまとまったかたちで取り上げられていない．

マーシャルの指摘した情報技術の革新・波及が，集積の形成にどう関わるかという点は，情報化社会とよばれる現代において，新しい集積論につきつけられた問題となっている．

現代的意義と課題

ウェーバー以後では，スミス（Smith, D. M.）がウェーバー理論の前提を緩和して「**利潤可能性の空間的限界**」というものを提唱した．それは最小費用地点を理論的に求めるのではなく，工場が長期的に立地できる空間的な範囲を求めるものであった．図2-3で示すように，費用と収入が両方とも変化する中で，総収入が総費用を上回る地域範囲を設定するのである．この理論は，最大の収入地点や最小の費用地点が，必ずしも最適な立地場所ではないこと（**次最適立地**）や，最小費用地点以外でも工場が操業を持続できる理由を示した点で，より現実に近い

形にウェーバーモデルを修正している．

後の諸理論に，大きな影響を与えたウェーバー理論の意義は，①工業立地論を体系的に論じた点，②最小費用立地を説くことにより普遍的な経済体制に適用できる点，③各種の指数や係数，集積概念など今日でも有用な分析道具を提供した点などが，主なものである．

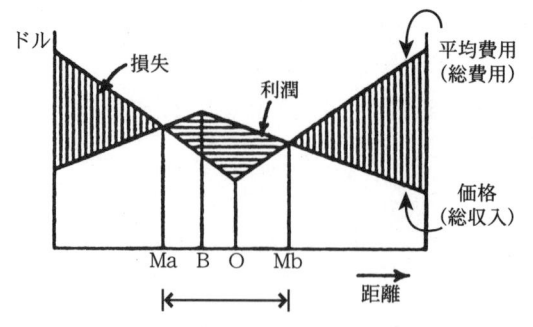

図2-3 利潤可能性の空間的限界（Ma〜Mb）
出典：Smith, D. M. 1971, 訳書（1982），p. 200

しかし現代まで，重要な古典として残っている最大の貢献は，④ミクロの動態的な工場立地が，全国的なマクロの立地体系を構築していくというダイナミズムをもっている点にある．今日の立地論が，企業のローカルな立地戦略の分析に特化したり，1つの地域の立地構造の解明に集中しているのとは，非常に対照的である．

課題としては，i）交通システムが発達する現代で輸送費理論の意義が低下していること，ii）サービス経済化している現代において工業立地の人口吸引力が低下していること，iii）労働費の地域格差が前提どまりで説明されていないこと，iv）立地層の各層の相互連関が立地的に如何なるものか不明であることなどが，主なものである．ただしi）は好況期によくいわれることであるが，不況期にいたると物流最適化の視点で再評価されるように，あまり強固な批判とはいえない．ii）はクリスタラーやプレッドなどの都市システム理論によって，iv）はチューネンの農業立地論やレッシュの立地均衡分析などで補足されるべきであろう．iii）はウェーバーにとって最大の関心事であり，最も魅力のある課題であったはずだが，その仕事は後世の地理学者に，善意をもって残しておいてくれたようである．

注

1) ウェーバーは，1868年にマックス・ウェーバーより4歳年下の弟として，ドイツのエアフルトに生まれた．ベルリン大学で法学および経済学を学び，同大学の経済学の講師

を経て，1908年にハイデルベルク大学に移り，立地論と社会学の講義を行っていた．1933年にはナチスの圧迫を受け，一時教職を離れたが，戦後教壇に復帰し，晩年は文化社会学の研究に注力した．

2) ウェーバーは1909年に『諸工業の立地について　第1部—立地の純粋理論』を著している．純粋理論とは，「立ち入った現実構成から遊離した理論のみを含むもの」で，いわばどの時代，いかなる体制においても通用する理論を意味している．ウェーバーは，第2部で資本主義の経済体制における立地論をまとめる計画であったが，部分的な成果（Weber A., 1914）を除き，未完に終わっている．

3) ウェーバーは，立地因子を「一般立地因子」（すべての工業に関係するもの）と「特殊立地因子」（特定の工業のみに関係するもの），また立地因子の作用の仕方によって，「地域的因子」（工業を特定の地点に立地指向させる因子）と「集積因子・分散因子」（工業立地に偏倚を与えるもの）とに分けている．その上で，一般立地因子の中から地域的因子を絞り込んでいき，輸送費と労働費を考察の対象に取り上げている．

4) セメントの主要原料は石灰石と石炭と粘土であり，セメント1tを製造する上で，それぞれ1.33t，0.43t，0.35tが必要であるとされている．すべて局地原料と考えられるので，原料指数は2.11になる．その結果，セメント工業は原料地指向に該当する．日本のセメント工場のほとんどは，高知市や大分県の津久見市など，石灰石産地の近くに立地している．

5) 石油精製工業や石油化学工業の原料は原油であり，原油を精製・分解してさまざまな製品を製造している．原油は局地原料で，現在の技術ではほぼ原油を余すことなく製品にしているので，原料指数はほぼ1に近い．つまり，石油精製工業や石油化学工業は立地自由の工業部門に該当する．実際，石油化学プラントは，消費地である東京湾岸や大阪湾岸，原料産地である中東のサウジアラビア，さらには中継地点であるシンガポールなどに立地している．

6) ビールの主要原料は水とオオムギ・ホップで，ビール1tを製造するのに，それぞれ10t，0.035tが必要であるとされている．水は普遍原料，オオムギ・ホップが局地原料と考えられるので，原料指数は0.035となる．したがって，ビール製造業は市場指向に該当する．日本のビール工場のほとんどは，札幌市，仙台市，東京周辺，名古屋，大阪周辺，福岡市など，大消費地に立地している．

7) 立地重量＝（局地原料重量＋製品重量）／製品重量

ウェーバーは，「製品単位重量あたり必要な平均労働費」を労働費指数とし，労働費指向の可能性を判別する指標とした．その上で，これを立地重量で割った労働係数を示した点は，注目に値する．

8) ウェーバーは，「一定量のまとまった生産が1つの場所に集中して行われることから生じる」生産あるいは販売の低廉化を「集積因子」，地価の高騰などの費用増加に対して，

「集中を解除することに伴う生産の低廉化」を「分散因子」としている．また，集積の段階を，「低次の段階」（経営の規模拡大によるもの）と「高次の段階」（多数の経営の場所的な近接によるもの）とに分けている．
9)　ウェーバーは，集積により生じる生産費の低減額（製品1単位あたり）を「節約指数」，この節約指数を工業部門ごとに集約したものを「節約関数」と呼んでいる．そして，集積傾向を判断する指標として，広義の労働費（労働費と機械費）の大小を取り上げ，これを立地重量で割った値を「加工係数」と呼んでいる．これは，製品1tあたりの加工価値を表しており，潜在的な集積可能性の目安を示すものといえる．
10)　藤川昇悟（1999）「現代資本主義における空間集積に関する一考察」『経済地理学年報』45-1, pp. 21-39, 松原　宏（1999）「集積論の系譜と『新産業集積』」『東京大学人文地理学研究』13, pp. 83-110 など．

［演習問題］

1　現代工業の立地を考える場合，ウェーバーの工業立地論で説明できる点，修正すべき点，新たに付加すべき点はどのようなものだろうか，具体的なケースをもとに考えてみよう．
2　最近の新聞記事から，工場の新設や移転，閉鎖などの事例を探し出し，そうした立地変化がなぜ起きたか，これまでに習った用語を使って，説明してみよう．

［入門文献］

1　Weber, A. (1909) *Über den Standort der Industrien*, 1. Teil. Tübingen：Verlag von J. C. B. Mohr. ［ウェーバー著，篠原泰三訳（1986）『工業立地論』大明堂］
2　伊藤久秋（1970）『ウェーバー工業立地論入門』大明堂.
3　Smith, D. M. (1971) *Industrial Location: An Economic Geographical Analysis*. London：John Wiley. ［スミス著，上巻：西岡久雄・山口守人・黒田彰三共訳，下巻：宮坂正治・黒田彰三共訳（1982/84）『工業立地論（上・下）』大明堂］
4　春日茂男・藤森　勉編（1991）『人文地理ゼミナール　新訂　経済地理Ⅱ工業』大明堂.
5　柳井雅人（1997）『経済発展と地域構造』大明堂.

1と2をあわせて読むと，ウェーバー工業立地論の理解はかなり深まる．
3によって，現代的な工業立地論も含めた工業立地論の全容を把握することができる．
4では，工業地理学研究の整理とともに，日本の工業立地の実態が解説されている．
5は，歴史的経済発展過程に各種の立地論を位置づけ，解説を加え，さらに現代企業の立地についての検討も行っている．

第3章　クリスタラーとレッシュの中心地理論

水野　勲

人と地域と時代

　中心地理論は，1930年代ドイツの2人の経済学者，クリスタラー（Walter Christaller 1893-1969）とレッシュ（August Lösch 1906-45）によって作られた．クリスタラーは，少年時代に南ドイツの地図を眺めているうちに，突然，同じ規模の都市がこれほど規則的に分布するのはなぜかと思ったという（Christaller, 1968）．またレッシュは，主著『経済の空間的秩序』（原題 Lösch, 1940）の序文で，若いころにシュワーベン（南ドイツの一地方）の小都市で暮らした経験が，彼の理論の背景にあると記している．

　しかし，共通の「郷土」を背景にもち，同じようにみえるモデルを提出した2人であったが，実際には両者の問題関心はきわめて対照的であった．『南ドイツの中心地』（原題 Christaller, 1933）を出したクリスタラーはナチスの帝国国土研究所から注目され，ドイツ東方入植地の地域計画に関わったが（Rössler, 1989），レッシュはナチスの政策に反対して，キール大学世界経済研究所の研究員の任を離れた[1]．クリスタラーの源流には，限界効用学派（メンガー Menger, C.），歴史学派（ゾンバルト Sombart, W.，ウェーバー Weber, M.）があるが，レッシュの源流には，一般均衡論（ワルラス Walras, M. E. L.），交易論（オリーン Ohlin, B. G.，パランダー Palander, T.）があった．クリスタラーの著書の序文には「国家生活を簡素化すべきドイツ国土の再編成」という国家学の目標が掲げられているが，レッシュの著書の序文には「経済活動全体を地理的現象としてみる」という空間経済学への野心が述べられている．

　このような両者の違いにも関わらず，1950-60年代の英米圏の地理学界を中心とする科学主義運動（『**計量革命**』）における先行者として，クリスタラーとレッシュは並んで注目された．膨大な中心地研究の文献目録が早くも1961年に出版され（Berry, B. J. L. and Pred, A., 1961），日本でも中心地研究が理論・実証両

面において盛んに行われるようになった[2]．その後，1970年代の実証主義批判において中心地理論は「単なる幾何学」と批判され（Gregory, D., 1994），また近年の経済学における立地論の再評価においても中心地理論は「事実を整理するための図式」にすぎないとされた（Krugman, P., 1995）．しかし，中心地理論を「単なる幾何学」に還元したのは英米圏の「計量革命」の主唱者たちであって，クリスタラーやレッシュはそれにはおさまらない関心をもっていたといえる．このことに注目することが重要である．

クリスタラーの中心地理論

クリスタラーにとって「中心地」とはほぼ都市と同義であり，その周辺に広がる「**補完区域**」と区別される．ヨーロッパの都市では，日本の都市と違って，歴史的都市は城壁によってはっきり農村と区別され，権力の所在地を意味していた．したがって，中心地機能には経済的機能のみならず，行政機能，文化機能も含まれるのである．

クリスタラーの理論の基本概念は，財の到達範囲の上限と下限，そして財の到達範囲の階層性である．まず**財の到達範囲の上限**とは，消費者がある財を購入するのに移動してもよいと考える最大距離のことである．これに対して，**財の到達範囲の下限**（**成立閾**ともいわれる）とは，供給者がある財の販売を維持するのに必要な需要人口を満たす，中心地からの最小距離である．財の到達範囲の上限と下限は一致するとは限らず，上限が下限を上回る場合，供給者は超過利潤という特別の利潤を得ることになる．しかし，そのような特別な利潤が発生している場所には，第2の供給者が新規参入する傾向があり，結果的に上限と下限はかぎりなく近づくとされる．また，上限が下限を下回る場合，供給者はその財の販売を行っても生計を維持することができず，営業をあきらめるであろう．

次に，**財の到達範囲の階層性**とは，限界効用学派の創始者メンガーによる財の階層性の考えを空間理論に応用したものである．財には，より生産財に近いものと，より消費財に近いものとがあって，それらの財同士が互いに他を前提としながら階層性をなしている，というのが財の階層性の考えである．例えば，私たちがパンを食べたいと思うとき，それは直接的な欲望であり，第1次財と呼ばれる．これに対して，パンを作るのに必要な小麦粉，燃料，パン製造の設備はパンの製造に役立つが，人間の欲望を間接的に満たすということから，第2次財と呼ばれ

る．以下，同様に，第 2 次財を製造するに必要な財，というふうに延長していくと，しだいに中間生産物や資本財へと階層が上がっていく．これらの財の階層性は，人間の欲望の直接性の程度を示すのであるから，それらの財の到達範囲も階層性をもつだろうと，クリスタラーは考えたわけである．

これらの概念を用意した上で，クリスタラーは 1 つの仮想空間を想像する．それは，一辺が 36 km の正三角形網の各頂点に B 中心地（郡の中心町 Bezirk）を配置し，そこに 21 km の到達範囲をもつ財が立地する，というものである．この想像は，私たちには唐突にみえる．なぜ 36 km なのか？ なぜ正三角形網なのか？ クリスタラーが典型的な町を連想するとき，それはほぼ 36 km の間隔をおいて分布する南ドイツの B 中心地であったのであろう．そして，正三角形とは，空間をくまなく充填することができる多角形のうち，最小のものである．

以上のような概念，想定空間のもとに，クリスタラーは中心地を配置する 3 つの原理，すなわち第一原理として**補給原理**を，また第二原理として**交通原理**と**隔離原理**を提案するのである．補給原理とは，「国土のあらゆる部分が，考えうる全ての中心的財を，この働きをする最小数の中心地から補給されること」である[3]．この原理は，経済学的というよりも国家学的である．そうであるからこそ，クリスタラーの理論はナチスの国土計画機関から注目されたといってよい．

一辺が 36 km の正三角形網の各頂点に B 中心地があるものとし，そこに 21 km の到達範囲をもつ財が立地すれば，国土のあらゆる地区がもれなく財の補給を受けられるようになる．その際に，それぞれの B 中心地について市場圏を描けば，正六角形パターンができあがる．ところが，これより低次の財（例えば到

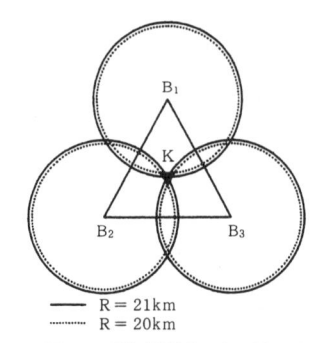

図 3-1 財が補給されない地区
（水野作成）

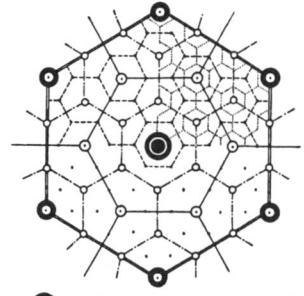

図 3-2 中心地システムと補完区域
出典：Christaller, W. 1933, 訳書（1969），p. 87

達範囲 20km）をB中心地に立地させると，正三角形網の重心付近に財が補給されない地区ができてしまう（図 3-1）．そこで，補給原理をみたすためには，その地区に財 20（km）を立地させる必要がある．そこがK中心地と呼ばれる地点である．同じように，補給原理の要請を財の到達範囲の短い場合（20, 19, 18, …）と長い場合（22, 23, 24, …）に次々と当てはめていくと，やや長い幾何学的推論の後に，おなじみの階層的正六角形網が析出される（図 3-2）．

そして，以上のような補給原理によって現実の集落分布が説明できない場合に，交通原理，隔離原理が追加される（図 3-3）．交通原理とは，交通路の建設および輸送の費用をできるだけ少なく支出して，できるだけ多くの交通需要を満たすように中心地を配置することである．また隔離原理とは，できるだけまとまった地域で，できるだけ同じ面積，同じ人口数をもつ地区ができるように中心地を配置することである．3つの配置原理でも現実の説明がうまくいかないときは，歴史的，自然地理的，文化的な個別の要因が追加される．このような説明の図式は，歴史学派ゾンバルトの「合理的図式」やM.ウェーバーの「理念型」によるものである．つまり，合理的図式や理念型を設定するからこそ，現実の偏倚が見えてくるというものである．クリスタラーの著作の後半部を占める「地域分析篇」は，個別都市の地誌的記述にあふれているが，筆者にはこの個所が理論の説明としてまったく退屈に思われる．しかし，『南ドイツ

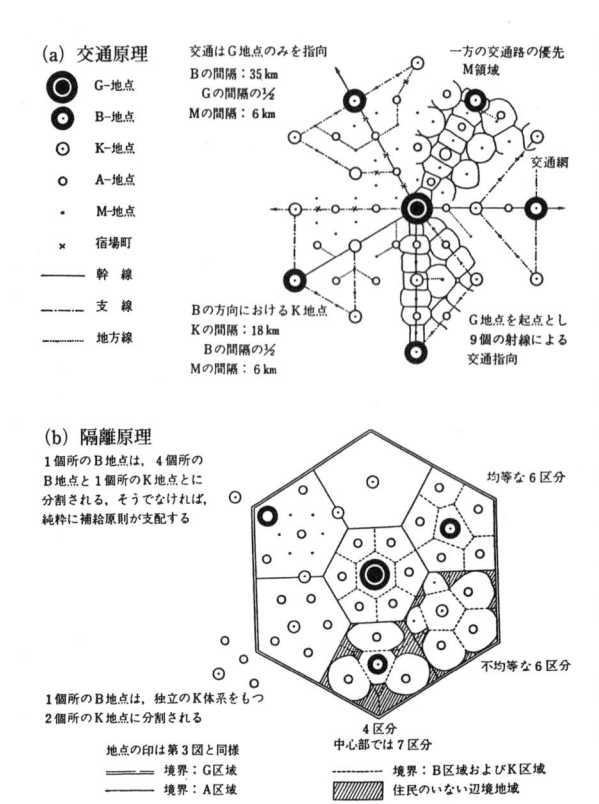

図 3-3 交通原理と隔離原理
出典：Christaller, W. 1933, 訳書（1969), p. 88, p. 103

の中心地』はクリスタラーの研究の出発点にあたるものであり，その後にも多数の論文がある．したがって，クリスタラーの理論が現実とどう関わるかを判断するためには，それらの論文の評価を含めて考えなければならない[4]．

レッシュの経済地域論

　レッシュの場合，『経済の空間的秩序』は，それまでのレッシュの多くの研究を集大成したものであり，これ1冊でレッシュが要約されていると考えられる．この著作では，立地，経済地域，交易，事例的研究という4部構成になっていて，「中心地」という総合的な概念は用いられていない．レッシュにとっては，あくまで経済現象が主たる関心であり，都市の形成を企業集積に求めようとする**空間経済学**が目標なのである．すなわち，レッシュが考えた理論経済学には3つのレベルがあり，第1に，時間と空間を無視した価格理論であり，第2に，時間における利子と景気循環の理論であり，そして第3に，空間が真正面から論じられた空間経済学，という一般性の順番がある．レッシュにとって空間経済学とは最も一般的な経済学であり，これまでこのような企ては自分が初めてであるという自負が，彼の序文からうかがわれる．

　レッシュの基本概念は，**立地の一般均衡**である．「立地の均衡は二つの基本的傾向によってきまる．すなわち，個別経済の立場からみた利益の最大化の傾向と，経済全体の立場からみた独立経済単位の数の最大化の傾向である」．個別経済の立場とは，各企業の内部における経営努力であり，経済全体の立場とは，複数の企業間の市場圏をめぐる空間的競争である．レッシュは，この基本原理にしたがってワルラス流の一般均衡の条件を書き出したが，変数の数と方程式の数が一致するということ以上に理論を進めることができなかった．そこで，抽象度を少し落として，経済地域（経済的境界）の理論を構築しようとしたのである．

　このような問題設定のもとに，レッシュは次のような均質空間を前提におく．「以下の推論においては，空間的差異が前提の中にひそまないように思い切った仮定から出発することにする．……このような出発点から，どのようにして地域的差異が生じうるのであろうか[5]」．これは基本的にチューネンの『孤立国』の冒頭を継承している．そして，クリスタラーと同様に，無限に連続する正三角形網の頂点に企業が立地する，と想定する．しかし，クリスタラーはB中心地の正三角形網を，疑う余地のない現実とみなしたのに対して，レッシュは複数の企

業が空間的競争を行った結果,理念的に正三角形網の企業立地が均衡状態として得られると考えたのである.

以上のような前提のもとに,レッシュは面積の異なる**市場圏**の形を考察する(図3-4).すなわち,最も小さな市場圏をもつ財の機能を機能番号1とすると,それは正三角形網の頂点をそれぞれ結んだ正六角形の市場圏が均衡状態として考えられる.このとき,この最小の正六角形の市場圏は,中心にある1カ所の地点(白丸)の市場圏と,その周囲にある6カ所の地点(黒丸)の市場圏の3分の1(なぜなら,それらの地点は隣接する3つの市場圏の中間にあるからである)を足したものであるから,3単位(=1+6÷3)の面積の市場圏といえる.次に,正三角形網の地点をおおう市場圏としては,機能番号2の正六角形が均衡状態として考えられる.この場合の市場圏の面積は,中心にある1カ所の地点の市場圏と,その周囲にある6カ所の市場圏のちょうど半分を足したものであるから,4単位(=1+6÷2)の面積の市場圏をもつ.さらに,機能番号3の市場圏は7単位(=1+6)の面積の市場圏を,機能番号4の市場圏は9単位(=7+6÷3)の面積の市場圏をもつ.以下同様である.

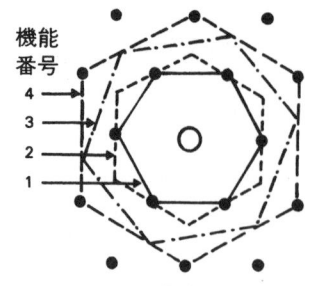

図3-4 レッシュ体系における4種の最小市場地域規模
出典:Berry, B. J. L., Parr, J. B. et. al. 1988, 訳書(1992), p. 86

こうして,機能番号1, 2, 3, 4……の市場圏の重複数を加算していくと,最小の正三角形網に配列された地点に様々な面積の市場圏をもつ企業が立地することがわかる(図3-5).この図で影をつけたセクターには,より多くの財を扱う企業が立地し,「都市の多い地区」と呼ばれる.各地点に立地する財は,表3-1のように異なる.クリスタラーの中心地理論では,階層が上位の中心地は,下位の中心地がもつすべての財をもっているが,レッシュの経済地域論では,必ずしも上位の都市が下位の都市の財をすべてもつとはかぎらない.このような柔軟性のために,「都市の多い地区,都市の少ない地区」という面白い地域区分が生まれたのである.ただしこのような区分は,都市集積を理論の中で明示的に扱ったとはいえない.

レッシュの空間経済学は,これで終わらない.彼は経済地域論を補うものとして,第3部で交易論を展開した.それは,空間的分業の関係にある供給者の間で

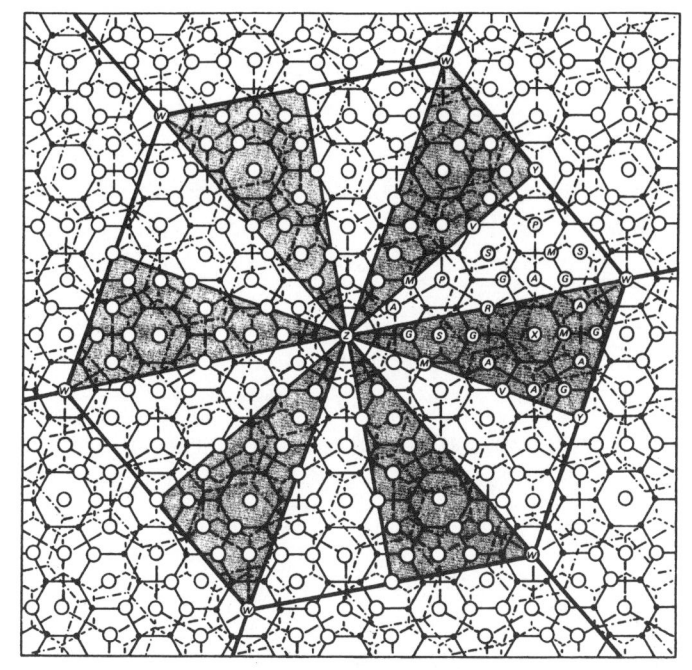

図 3-5 4種の最小市場地域規模に基づく中心地のレッシュ体系
出典：Berry, B. J. L., Parr, J. B. et. al. 1988, 訳書 (1992), p. 88

表 3-1 レッシュ体系における機能の複合性の階層秩序 （出典：同上, p. 89）

供給される機能	センターの段階									
	A	G	M	P	R	S	V	W	X	Y	Z
1	x			x	x	x		x	x	x	x
2		x		x			x	x	x		x
3			x		x		x	x		x	x
4					x				x	x	x

財の交易が発生し，そのことが財の価格の空間的変動をもたらす，というものである．価格が空間的に変動することを考慮しはじめると，経済地域論で展開した正六角形の単純な幾何学では理論を進めることができなくなる．このあたりで，レッシュはオリーンやパランダーの交易論を受け継いでおり，そのことを1960年代までの英米圏の計量地理学者は注目することがなかった．レッシュが交易論に注目したことは，彼が北欧への玄関口である港湾都市キールで研究を行っていたことと無関係ではない．

グールドによれば，レッシュの著作の特徴は注の多さにあり（全ページの3分

の 1!)，そこにレッシュの哲学的思索が含まれているという（Gould, P., 1985）．もっとも，レッシュがカントやヘーゲルを引用したからといってそれを大げさにいう必要はないが，少なくともレッシュは「単なる幾何学」にふけった研究者でないことだけは確かである．レッシュの「事例的研究」の章は，アメリカの事例を中心とした興味深い経験的事例にあふれ，クリスタラーの「地域分析篇」の閉鎖性とは対照的である．クリスタラーは，いくつかの都市にはそこ固有の歴史的・地理的条件があって，それらが正六角形モデルからの偏倚になっていると考えたのに対して，レッシュは，そうした地域の固有性（質的差異）を特定性（量的差異）とみなして，一般的な空間的変動の中に位置づけようとしたのである．ちなみに，定評あるディッケンとロイドの経済地理学の教科書では，レッシュが事例的研究の章で掲げた図が多数引用されている（Dicken, P. and Lloyd, P. E., 1990）．レッシュによる事例の引用は，彼の一般均衡理論の窮屈さ，単純さとは逆に，開放的かつ豊かである．

現代的意義と課題

　クリスタラーとレッシュの中心地理論は，現代の都市および産業の集積という現実を前にすると，実に頼りない理論にみえる．しかし，経済過程が空間的にどのように現実化するかを早くから考察した理論として，私たちはまだこの理論の圏内にいる．したがって，中心地理論の基礎概念，原理をより徹底して形式化し，これまで捨象してきた現実の経済過程の要素を理論に再導入する必要がある．このことを考える上で近年，最も挑発的な議論を展開しているのが，国際経済学者クルーグマンである．本書の別の章で詳しく論じられるが，ここでも中心地理論との関係で，クルーグマンの議論にふれざるをえない．

　クルーグマンは，中心地理論が分類の図式として役立つものの，通常の意味での経済モデルになっていないと批判する（Krugman, P., 1991）．彼のいう通常の経済モデルとは，個別の家計と企業の行動，競争条件を明確に記述した上で，都市や産業などのマクロ的な行動を説明する数学的なモデルである．言い換えると，中心地理論には市場構造の記述が少なく，また数学化が足りない，ということであろう．しかし，クルーグマンの「新経済地理学」モデルはレッシュと同様，ワルラス流の一般均衡理論，オリーンゆずりの交易論を受け継いでいて，いわば，レッシュ・モデルの空間的要素を単純化し，市場構造を複雑化したものといって

よい．もちろん，クルーグマンには，レッシュにはない，ミュルダール（Myrdal, G.）の**累積的因果性**や，マーシャルの外部経済性の概念などがあるが，一般均衡の条件を書き出して，「歴史」や「場所」の固有性を捨象する点では，クルーグマンとレッシュは同じ枠組みの中にある．そしてクルーグマンは著書の中でたびたびプレッド（Pred, A.）を引用して，数学化が十分でないために経済モデルとして魅力がない旨を述べているが，プレッドは中心地理論を都市システムというより広い文脈の中に入れ，古典的立地論に欠けていた「歴史」や「場所」の概念に注目していたのである（Pred, A., 1966）．中心地理論，**都市システム論，時間地理学**，都市社会史というふうに複雑性の領域へと関心を移動させてきたプレッドの著作は，今後，中心地理論を拡張していくときの豊かなアイディア源でありつづけるであろう．

　これに対して，中心地理論を，現代の都市および産業の集積を説明する理論に拡張していく分析的手がかりとしては，経済学者アーサー（Arthur, W. B., 1994）や数理科学者アレンとサングリエの**自己組織化**モデルがある（Allen, P. M. and Sanglier, M., 1989）．集積とは正のフィードバックを示す現象であり，アーサーは歴史的な**経路依存性**を強調した．アーサーの産業立地や都市システムのモデルは，クルーグマンのモデルほどに十分な経済過程が考慮されていないが，少なくとも立地の歴史性がモデルに含まれている．さらに，アレンとサングリエは，クリスタラーやレッシュの結果に反して，なぜ中心地システムは地域的に不均等に発展せざるをえないかを，非線形非平衡モデルによってシミュレートした．筆者も，開発途上地域にある定期市システムの盛衰を，アレンとサングリエのモデルをよりクリスタラーの中心地理論に近づけて構築した（水野　勲，1994）．アレンとサングリエのモデルも経済過程の考察において必ずしも十分ではないが，なぜ特定の地点（「場所」）が集積を開始し，他の地点が衰退地域に包含されるかという疑問への1つの説明図式を提供する．この他に，アーリングハウスが，クリスタラーやレッシュによる中心地の「入れ子構造」を，フラクタル幾何学の自己相似写像の考えを用いて再解釈している（Arlinghaus, S. L., 1985；1989）．これは，「単なる幾何学」に再び陥る危険はあるものの，「階層性」の理論に関する新しい論点を提供している．

　最後に，中心地理論は，国土計画，地域計画において，いかなる役割を果たすかという問題が残されている．クリスタラーによる中心地の配置原理は国家学的

関心のもとにあり，このためナチス・ドイツ時代に新しく獲得した東方入植地の地域計画に応用された．また戦後ドイツの空間整備政策において，中心地理論の基本概念は重要な貢献をなした[6]．さらに，第三世界では，中心地理論に依拠しながら，一極集中的な首位都市に対抗する政策として，分散的に立地する中小都市，市場町のネットワークを強化する地域計画が設定された[7]．このような中心地理論の国土計画，地域計画への応用の可能性をさぐるには，第1に，中心地理論の政治思想史的解釈が必要であり[8]，第2に，中心地理論の概念と原理を維持しながらも，異なった前提，目標のもとに異なった中心地配置が可能であることを，**立地・配分モデル**を用いて示す必要がある[9]．

注

1) 窮乏生活の下で，レッシュは1945年5月30日に亡くなっている．一方，クリスタラーは，戦後大学に職を得ることができず，在野の学者として経済的に貧しい生活を送ったとされている．

2) 森川　洋 (1974)『中心地研究』大明堂；林　上 (1986)『中心地理論研究』大明堂；Berry, B. J. L., Parr, J. B. et. al. 1988, 訳書 (1992) ほか．

3) 補給原理の前提条件としては，需要分布の均質性，交通条件の等方性，消費者による最近隣中心地の利用と同一の消費性向，財の供給者の合理的な行動，中心的財の価格と質が一定であることがあげられる．

4) Berry, B. J. L. and Harris, C. D. (1970) Walter Christaller : An appreciation. *Geogr. Rev.* 60, pp. 116–119；Hottes, R. (1970) Walter Christaller. *Ann. Asso. Amer. Geogr.* 73, pp. 51–54.

5) レッシュは，「経済的価値のある原料が広い平野に一様に分布し，しかも十分にあ」り，「この平野は他の点についても等質であり，規則的に分布した自給農場以外のものは存在しない」と仮定し，新規参入の自由と自由競争を前提として，工場（ビール醸造所）の立地と市場圏網を説明している．

6) 森川　洋 (1988)『中心地論III』大明堂．

7) Rondinelli, D. A. (1983) *Secondary Cities in developing Countries*. Sage Publications；Hardoy, J. E. and Satterthwaite, D. (eds.) (1986) *Small and Intermediate Urban Centers*. Hodder and Stoughton.

8) 杉浦芳夫 (1996)「幾何学の帝国：わが国における中心地理論受容前後」『地理学評論』69A, pp. 857–878.

9) 石﨑研二 (1992)「立地・配分モデルによるクリスタラー中心地理論の定式化の試み」『地理学評論』65A, pp. 747–768.

[演習問題]
1 クリスタラーとレッシュは，中心地の数や財の到達範囲，中心地の階層構造の組み立て方など，いろいろな点で異なる考え方をしていた．両者の中心地理論を比較して，表にまとめてみよう．
2 地図帳や統計資料をもとに，都市の階層別分布図をつくり，クリスタラーの中心地体系の図と比較してみよう．

[入門文献]
1 林　上（1991）『都市の空間システムと立地』大明堂．
2 森川　洋（1980）『中心地論I』大明堂．
3 西村睦男（1977）『中心地と勢力圏』大明堂．
4 Berry, B. J. L. (1967) *Geography of Market Centers and Retail Distribution.* Englewood Cliffs, New Jersey: Prentice Hall. [ベリー著，西岡久雄・鈴木安昭・奥野隆史共訳（1972）『小売業・サービス業の立地』大明堂]
5 Christaller, W. (1933) *Die zentralen Orte in Süddeutschland.* Jena: G. Fischer. [クリスタラー著，江澤譲爾訳（1969）『都市の立地と発展』大明堂]
6 Lösch, A. (1940) *Die räumliche Ordnung der Wirtschaft.* Jena: G. Fischer. [レッシュ著，篠原泰三訳（1991）『経済立地論　新訳版』大明堂]

1は，都市地理学の入門書．中心地理論も含め，都市の基礎理論がわかりやすく解説されている．同じ著者の『都市地域構造の形成と変化』，『経済発展と都市構造の再編』大明堂とあわせて読むとよい．2と3は，中心地論を詳しく知るために適している．西村睦男・森川　洋編『中心地研究の展開』大明堂もあわせて読むとよい．4は，中心地理論の解説とともに，小売業・サービス業の立地への現代的適用について説明がなされている．5と6は，中心地理論の原典．

第4章 オフィス立地と都市システム論

須田昌弥

オフィス立地研究

　企業の巨大化に伴い，生産・販売部門のほかに，それらを管理し意思決定を行う本社や支店——本章で「オフィス[1]」という場合，とくに断らないかぎりこれらを指す——の存在が重要になってきた．「オフィスをどこに立地させるか？」という問題は，企業経営においてはもちろん，立地する都市・地域の側にとっても重要な課題となっている．

　多くの国において，首都などの特定の都市にオフィスが集中し，過密問題が深刻化した．そのためオフィス立地研究では，他の分野・業種の立地研究と異なり，大都市の混雑緩和や国内の地域間格差是正などのためのオフィス立地政策研究[2]が理論研究より優先された．例えば，イギリスでは1960年代後半から70年代にかけて，オフィス開発許可証の導入によりロンドンでのオフィス建設を禁止したり，政府機関の分散を図るなどの施策が実施された．またフランスでも，1960年代以降パリ圏への新設オフィスに賦課金を課すなどの立地規制や分散策が実施されてきた．日本では立地規制は採られていないが，東京一極集中の是正策として，1988年に多極分散型国土形成促進法が制定され，行政機関の移転などの分散策と業務核都市の整備などの大都市整備策が打ち出された．

　それに対して，オフィスの立地を説明する理論は，今日においても確立されていない．地理学をはじめ，経済学・都市工学など多様な学問分野からの研究は進んでいるが，農業立地論や工業立地論に比べて，理論の汎用性が十分でないのが現状である[3]．この章では，オフィス立地に関する研究を概観し，今後のオフィス立地研究の課題を展望したい．

　ところで，オフィスの立地研究は，大きく2つの領域に分けることができる．1つはある都市の中で，どの地域にオフィスが立地するかを明らかにする研究であり，もう1つは一国全体さらには世界全体における多数の都市の中で，どの都

市にオフィスが（多く）立地するかを検討したものである[4]．以下ではそれぞれについて検討を加えたい．

都市内部におけるオフィス立地の理論

　オフィスの立地の都市発展における重要性を最初に論じた研究は，R. ヘイグの論文「大都市の理解のために」(Haig, R. M., 1926) である．ヘイグの議論の特色は，都市における諸活動の配置が，各種機能の「**近接性**」(accessibility) に対する必要性の多少によって決定されることを見抜き，そしてオフィスに関しては，この近接性の利益の源泉を，**知識・情報の輸送**のコストを節約することに見出している点にある．ここでいう近接性は，「接触の容易さ」を意味している．これを制約する大きな要因としては，空間を移動する際に生じる費用（交通費＋時間費用など）と，希少な中心部の土地に発生する高額な**地代**がある．この2つは互いにトレードオフ（あちらを立てればこちらが立たず）の関係にあるので，企業はどちらの費用がより節約可能かに応じて，立地に伴う総費用を最小化する地点に立地する，とヘイグは主張したのである．これはチューネンの『孤立国』の考え方そのものであり，第1章で説明されているとおり，その後「都市経済学」という経済学の一分野へと発展していく．

　もっとも，現実の企業がそのような代替関係に直面しているかどうかは吟味の余地がある．これに関しては，「コンタクトアナリシス」(contact analysis) とよばれるオフィス間の接触に関する一連の研究が注目される[5]．例えばゴッダードは，ロンドン中心部に立地する72社の705の業務活動日誌の分析をもとに，オフィス活動の空間的結合関係を検討し，①業種間の結合関係の強い産業グループが存在すること，②対面会談の多くが中心部，しかも30分以内の移動時間範囲で行われていること，③しかしながら対面接触は，全体の28%にすぎず，そのうち電話で代替可能なものもかなりあることなど，興味深い指摘を行った (Goddard, J. B., 1973)．

　一般に，オフィスは都市の中でもとくに中心部，言い換えれば地代が最も高い所に立地している．つまりそれだけ高い地代を払ってでも移動費用を節約したいのである．ヘイグはその理由を，企業が情報の輸送において直接人と人との**対面接触**を重視することからくると論じている．手紙や電話——最近ではインターネット——を通じた情報交換と違い，対面接触には運賃のほか，その人の移動中の

時間費用がかかるので，とくに移動費用が多くかかる．

　対面接触がいかなる業務で重要となるかについては，ソーングレンによる「コンタクト・システム」の研究が参考となる（Thorngren, B., 1970）．そこでは，①オリエンテーション，②プランニング，③プログラムの3段階に業務過程が区分されている．オリエンテーションは，新規生産活動の開始や生産，資金調達などの前提条件の分析活動を指し，最も鋭敏な判断や情報処理を必要とするもので，対面接触が重要な役割を果たす．プランニングは，より具体的・詳細な計画立案を指すが，この場合には電話によるコンタクトが増え，対面接触と併用されてくる．これらに対し，プログラムは，生産や販売の監督や取引の管理など，相対的に定型で日常的な業務であり，電話を中心とした一方通行的な指令が中心となる．

　オフィスの立地条件については，アンケート調査が多くなされているが，アレクサンダーは，ロンドン，シドニー，トロント，ウェリントンなどの調査結果をまとめている（Alexander, I., 1979）．それによると，「外部組織との接触」や「政府関係機関との接触」，「顧客への近接性」，「インフラや関連サービスの利用可能性」など，集積の利益に関係する点が最も重要視されていた．この他，「人材の確保」や「威信」，「オフィス環境」なども，立地条件としてあげられていた．

　また，東京都区部に本社を置く上場企業へのアンケート結果によると，東京に本社を置くメリットとしては，「業界・他社情報が得やすい」，「市場・顧客情報が得やすい」が，またデメリットとしては，「オフィス・スペースが十分とれない」，「オフィスの賃貸料・購入費用が高い」が，それぞれ上位を占めていた（国土庁計画・調整局監修・オフィス分散研究会, 1989）．図4-1は1990年時点での日本の主要都市の立地コストを計測したものであるが，これをみるとわかるように，東京は他のどの都市よりもオフィスの賃貸料（地代）が高いにも関わらず，交通・通信費，そして時間費用が低いために本社立地コストが最低になっている．このことが東京へ本社が集中する原因の1つであることは間違いない．

　もちろん，オフィスは常に集積するとは限らず，分散立地が生じる場合もありうる．パイは，nの職務を移転した場合の総運営費の節約額をnsとし，nの職務のうち中心都市へ出かける必要がある部分をm，その回数をx，1回あたりの交通費をf，移動時間をt，移動時間1単位あたりの時間価値をcとしたとき，$ns>mx(f+ct)$の場合にオフィスの分散可能性があるとしている（Pye, R., 1979）．すなわち，本社移転に伴う費用の削減部分（地代の減少など）と費用の

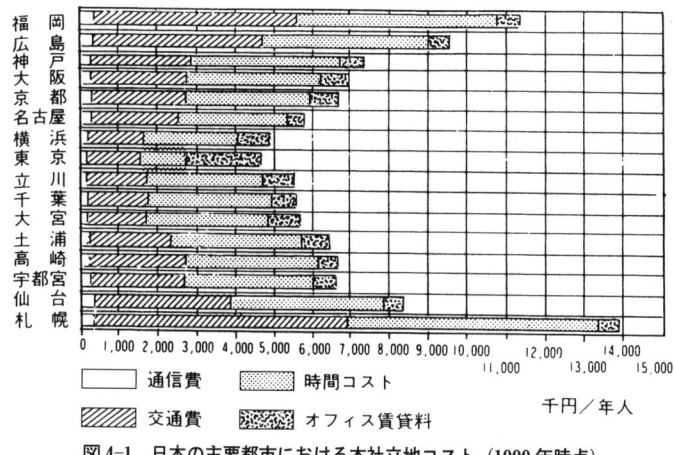

図 4-1 日本の主要都市における本社立地コスト（1990年時点）
出典：大西 隆（1992），p. 128
原図の出典：田中・大西・栗田「オフィス立地のコストに関する研究」

増大部分（都心との接触に要する交通費の増大など）とを比較して，分散可能性を検討したのである．

ところで，オフィスが直面する「移動費用」とはいったいどこへ移動するための費用であろうか．業種によっても違うが，そのほとんどは自社・他社，自業種・他業種を問わず，「他のオフィス」であると考えられる．ということは，各企業にとって，互いのオフィスが相互に近接しているほうが移動費用が節約できて都合がよいということになる．ここからオフィスにおける「集積の利益」が発生する．ヘイグはチューネンモデルに従い，これを「（都市）中心部への指向」と捉えたが，実際には中心部は「オフィスが集積しているから」中心部なのであって，その逆ではない．

オフィスの集積と都市構造

では，オフィスは都市内のどこに，どのように集積するのかという問題が出てくる．前述の都市経済学では，藤田昌久らによって，通勤や企業間取引の費用がオフィスの立地，ひいては都市の空間的構造に，どのような影響をもたらすかが分析されている（Fujita, M. and Ogawa, H., 1982）．

今日では「藤田＝小川モデル」として広く知られているこの論文では，線形の都市空間における家計（労働者）の住宅立地と企業（オフィス）の立地の均衡が

分析されている．それによると，労働者が通勤するためのコスト（通勤コスト）と企業の情報交換のためのコスト（**取引コスト**）の比率によって，都市内のオフィスと住宅の立地パターンは図4-2のように非連続的に変化する．

通勤コストが（取引コストに比べて）きわめて大きい場合，(a)のようにオフィスと住宅は分離せず都市全体に混在した形で立地する．そこから通勤コストが相対的に低下すると，(b)のようにオフィスと住宅が分離して立地する地区が発生し，さらに低下が進み，ある臨界値を超えると職住混在地域は完全に消滅し，(c)のような2つのオフィス地区（**中心業務地区，CBD**）をもつ都市となる．そしてさらに通勤コストが低下し，次の臨界値

図4-2 藤田＝小川モデルによる均衡土地利用パターン
出典：中村良平・田渕隆俊（1996）をもとに須田作成

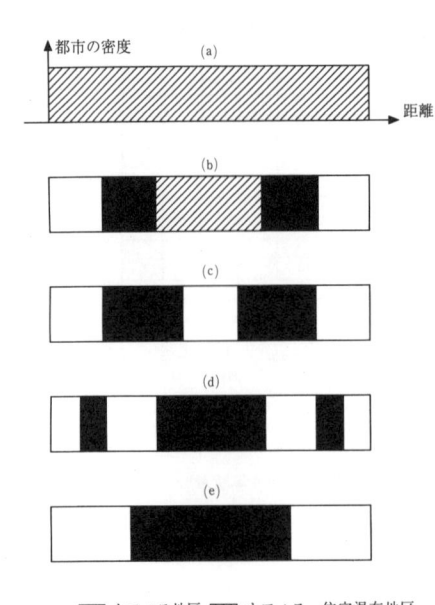

■ オフィス地区　▨ オフィス・住宅混在地区　□ 住宅地区

を超えると，今度は(d)のような，中央に大きなCBDがあり，その郊外に独立した2つの小さなCBDが成立する構造が現れる．さらに通勤コストが低下し，第3の臨界値をも超えると，最終的には(e)のようにただ1つのCBDをもつ都市が成立する．

この結論を現実の都市にあてはめて解釈すると，次のようになろう．前近代の都市では，高速交通機関がなく，徒歩での通勤を余儀なくされたため通勤コストはきわめて高くなり，都市に住む人々にとっては(a)のような「職住一致」の都市構造のほうが都合がよかった．しかし今日では，鉄道・自動車などの交通機関が発達・普及し，加えて企業間取引の重要性が高まったため，職住分離が進み，(e)のようにCBDが1カ所に集中する，一極集中型の都市構造をもつに到ったのである．

この過程を逆にたどると，(e)の状態より通勤コストが取引コストに比べて相対的に大きくなる（もしくは，取引コストが通勤コストに比べて小さくなる）な

らば，CBD は郊外に分散するということになる．情報交換システムとしてのインターネットや「テレビ会議」などの普及に伴い，企業間の取引コストも 21 世紀においては低下していくであろう．とすると，その結果として（大）都市は従来の一極集中型から，多極型──すなわち，(e) から (d)──へのシフトが生じることが予想される．例えば，アメリカ合衆国の大都市郊外には，**エッジシティ**（Garreau, J., 1991）と呼ばれるオフィスや商業機能の集積地域が成長しつつある[6]．東京圏でも千葉（幕張）やさいたま（さいたま新都心）などのような，**「業務核都市」**と呼ばれる都市へのオフィスや商業機能の立地の増加が指摘されている（国土庁，1995, pp. 22-26）．このような現象はまさに，藤田＝小川モデルの文脈から説明されるものではなかろうか．

また従来の研究の多くが，本社や支社といった単位で一括して分散を扱ってきたのに対し，オフィス機能を意思決定，人事，総務，経理などの業務もしくは部署に細分し，それぞれの移動可能性に注目した研究も提示されてきている[7]．例えば，本社機能のうち東京都区部以外への分散可能な機能としては，情報処理・システム開発，教育・研修，技術・研究開発本部などが，分散可能性の低い機能としては，国際事業本部，企画・経営計画，広報・宣伝・調査，営業企画・管理などが，主としてあげられる（国土庁，1989）．しかも，情報伝達手段の発達に伴って，オフィス機能のうち対面接触からインターネットなどに代替しうる部分は増える傾向にあり，オフィス機能の空間的分離やオフィスの分散可能性が高まっている．大都市郊外での**バックオフィス**の増大や，SOHO（スモールオフィス・ホームオフィス），サテライトオフィス，在宅勤務など，事務的労働を自宅またはその近くで行う**テレワーク**の普及，コールセンターの遠隔地立地など，多様な形態をとりながら，オフィスの分散が進行してきている．

都市システムとオフィス立地

全国規模でのオフィス立地の研究は，**都市システム**の分析と密接な関係がある．都市システムとは，都市内部のシステムではなく都市間の関係を指す．個々の都市の機能（ノード）と都市間の結合関係（リンク）を検討し，都市間関係の特徴や課題を明らかにしようするものが都市システム研究である．対象範囲の空間スケールによって，世界的都市システム・国家的都市システム・地域的都市システム・日常的都市システムとに細分される．

オフィスは通常（大）都市に立地するので，（大）都市がどこに立地するかを検討することでオフィス立地を分析しようという考え方である．アームストロングは，企業のオフィスをその市場サービス領域の広狭により，本社オフィス・中間市場オフィス・ローカル市場オフィスの3つに分け，各レベルのオフィスは階層が上位になるにつれて大都市を指向し，立地数も少なくなるとしている（Armstrong, R., 1972）.

このように，本社が最上位階層の大都市に集中する傾向にあるといっても，その程度や形態は，国により様々である．本社立地状況の国際比較によると，フランス，イギリス，日本においては，首都への集中傾向が著しく[8]，アメリカ合衆国やドイツでは，相対的に分散傾向が強くなっている（青野寿彦, 1986）．こうした差異の要因としては，中央集権か連邦制かといった政治システムの違い，企業間関係や企業と政府との関係といった組織間関係の違い，国土空間の統合度や交通・通信体系の違いなどが考えられる．

都市システムを分析する理論として真っ先に思い出されるのは，第3章で説明された**中心地理論**であろう．クリスタラーが提示した都市の階層モデルは，とくに日本の場合，オフィスの立地における本社―支店―営業所―出張所という企業組織の階層に合致しているようにみえるので，中心地理論，とりわけクリスタラーモデルがオフィス立地にもあてはまるのではないかという主張がなされてきた（例えば，西原 純, 1991）.

しかし小売業と違い，オフィスの場合その「市場圏」が必ずしも明確ではない．さらに，企業内部における情報の伝達方向は，クリスタラー理論が想定する「大都市から小都市」のみではなく，「小都市から大都市」「同一規模（階層）の都市間」のものも少なくないことが，大企業組織内におけるイノベーションの拡散に基づいて非階層的な都市システムを示したプレッドによって指摘されている（Pred, A., 1971, 1977）．図4-3は企業組織に関するプレッドの考察をもとにした都市システム（b）を図式化し，クリスタラーの都市システム（a）と比較したものである．クリスタラーが厳密な階層構造を示したのに対し，プレッドは，専門情報循環による距離を超えた多様な都市間連結を提示した．彼は，アメリカの都市システムの変遷を分析する中で，航空網の発達と多数立地組織の台頭に注目することによって，こうした都市間の結合関係を見出したと考えられる．クリスタラーが，消費の論理に基づき「下からの」都市システムを静態的に明らかにし

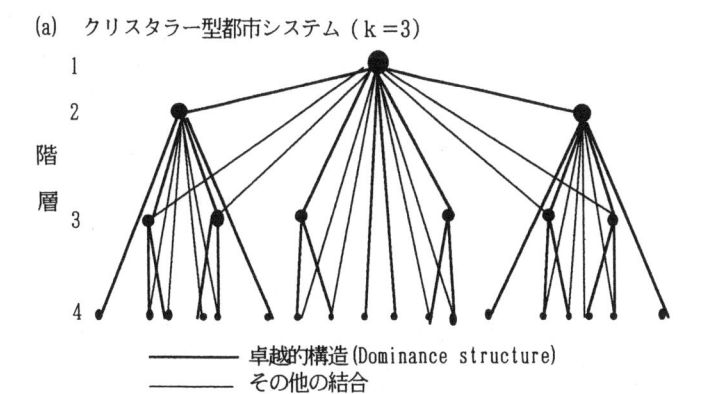

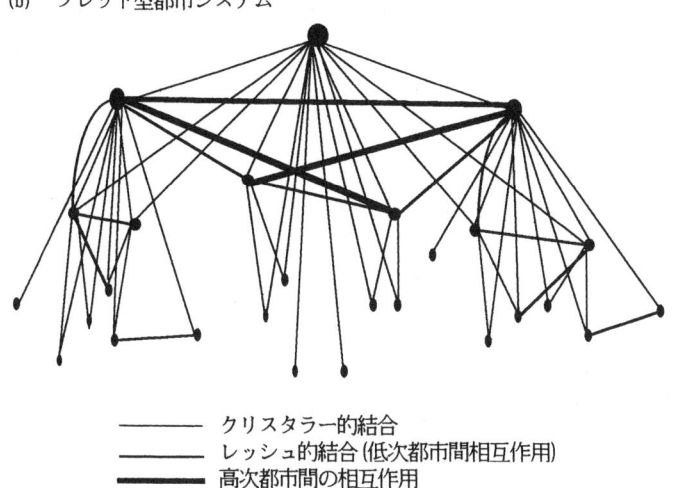

(a) クリスタラー型都市システム（k＝3）

階層

———— 卓越的構造(Dominance structure)
———— その他の結合

(b) プレッド型都市システム

———— クリスタラー的結合
———— レッシュ的結合(低次都市間相互作用)
━━━━ 高次都市間の相互作用
　　　　(High-order interdependence dyads)

図4-3 クリスタラー型都市システムとプレッド型都市システム
出典：Pred, A. (1971) をもとに須田作成

たのに対し，プレッドは，組織の論理に基づき「上からの」都市システムを動態的に明らかにしたといえる．(b) は明らかに (a) より複雑な図となっているが，よくみると (a) に含まれる特徴は (b) もまた有している．このことから考えても，プレッドはクリスタラーを否定して新しいモデルを提示したというより，むしろクリスタラーのモデルをオフィス立地の実際に合わせて拡張・一般化したとみるべきであろう[9]．

都市システムの理論的研究に関しては，クリスタラーやレッシュの中心地理論以外では，外生的変化（域外交易を通じた中心地形成）を重視していくバンスの「商業モデル」(Vance, J. E., 1970)やメイヤーのモデル(Meyer, D. R., 1980)，最近では，都市ネットワークに関する議論が注目される．中心地理論が，中心性，規模依存，首位性や従属性，同質の財・サービス，垂直的結合，一方向性，輸送費，空間上における完全競争をキーワードとするのに対し，都市ネットワーク論では，結節性，規模中立，フレキシビリティや補完性，異質の財・サービス，水平的結合，双方向性，情報コスト，価格差別を伴う不完全競争によって特徴づけられる(Batten, D. F., 1995)．

プレッドの指摘からわかるように，中心地理論の階層体系を無条件に企業内部の組織体系，すなわちオフィス立地に適用することは困難である．ただし，この領域において中心地理論をしのぐオフィス立地のモデルもまだ提示されてはいない．

「オフィス立地論」の確立へ向けて

以上からわかるとおり，オフィス立地の分析は，場合に応じて周辺の各分野から「借用」された理論（都市経済学，中心地理論など）でなされてきた．それで用が足りてきたのも事実であるし，オフィスが有する機能が（工場などに比べて）多様であることを考えると，一面的な理論化はかえって有害であるかもしれない．

しかし，筆者はそれでもオフィス立地の理論的検討は必要であると考える．例えば，同一業種の企業で，A社は北陸支社を金沢市に置き，B社は富山市に置いているケースがある．なぜこういうことが起こるのか，十分な理論的説明はまだ示されていない．オフィスの活動を分析する際に重要な，顧客との取引形態，本社と支店の間のコミュニケーション，オフィスと工場や研究所などとの関係はいずれも本章で取り上げた理論ではほとんど考察されていなかった．しかるに政策立案においては，それらをも考慮に入れたオフィス立地理論の構築が求められている．そしてそのような理論は，単に政策立案においてのみならず，立地論そのものにとっても重要なフロンティアであるといえるのではなかろうか．

注

1) オフィスとは，専門的・管理的・事務的職業に従事する「事務系就業者」が，情報の収集や処理，情報の生産や交換，意思決定を行う空間や場所を指す．典型的なオフィスとして，ここでは，企業の本社や支店を中心に取り上げることにする．なお，オフィスの概念規定に関し，ゴダードは，機能的概念と形態的概念とに分けている（Goddard, J. B., 1975）．前者は，オフィス活動（情報・アイデア・知識の探索，蓄積，修正，交換，発案などを取り扱う業務），オフィス職業，オフィス組織から，また後者はオフィスビル（オフィス活動のために，情報処理施設を備えた業務空間）とオフィス施設から説明がなされている．

2) オフィス立地政策については，富田和暁の整理を参照（富田和暁，1991, pp. 250–254）．

3) オフィス立地研究の動向については，先進諸外国と日本の研究成果を実証，理論，政策の3側面に分けて総括した山崎 健のまとめがある（山崎 健，2001）．このうち実証研究は，国家的および地域的レベルと都市内部および個別都市圏レベルとに二分され，それぞれ立地特性や立地条件，接触パターンと機能的結合，都市システムとの関係，オフィス分散とその影響などの項目の下で，研究内容が整理されている．なお，経済学・都市工学の分野におけるオフィス立地研究のサーベイとしては，肥田野登ほか（1994）があげられる．

4) 本章ではこのうち，全国的スケールでのオフィス立地について主に扱うが，国際的スケールでのオフィス立地に関する研究も重要である．多国籍企業のオフィス立地については，多国籍企業へのアンケート結果に基づくオフィス立地因子に関するダニングの研究（Dunning, 1988）や，多国籍企業の都市選択に関する松原の研究（松原 宏，1995）などがあるものの，世界都市論との関連も含め，今後の課題となっている点が多い．

5) 日本におけるコンタクトアナリシスの実証研究の例としては，池澤裕和（1994）があげられる．

6) 郊外へのオフィスの分散については，アメリカ合衆国の大都市で多くみられる．こうした傾向は，1960年代以降のオフィスパーク建設により促進されてきたが，郊外化の理由としては，拡張スペースの余地，管理職就業者の採用や郊外の主婦労働力の活用，高速道路や空港へのアクセス，自然環境・教育環境・治安の良さなどが指摘されている（Hartshorn, T.A., 1980）．

7) そのような点を考慮したモデルとしては，Ota=Fujita（1993）がある．

8) 日本における大企業の本社や支社の立地については，阿部和俊の研究が代表的なものである（阿部和俊，1991, 1996）．1990年時点の都市別本社立地状況をみると，2,037社中894社（43.9%）が東京23区内に，291社（14.3%）が大阪に本社を置いていた．以下，名古屋81社（4.0%），神戸46社（2.3%），京都41社（2.0%），横浜40社（2.0%）の

順であった．都市別支所数については，東京が 1,355 で最も多く，以下大阪（1,266），名古屋（1,192），福岡（1,018），仙台（913），広島（854），札幌（847），横浜（587），高松（501）の順であった．

また，支所には，支店，営業所，出張所といった階層性があるが，こうした企業組織の階層性と都市の階層性との間に関連があることは，実証研究によって指摘されている（日野正輝，1996）．
9）両者の比較については，田村大樹の整理を参照（田村大樹，2000a）．

［演習問題］

1　アメリカでは，コンピュータネットワークの発達に伴って，テレワークと呼ばれる勤務形態が普及してきているが，こうした勤務形態が日本でも同じように普及するだろうか？　IT 革命の進展によって，オフィスの立地はどのように変わるだろうか，考えてみよう．
2　『会社年鑑』（日本経済新聞社刊）などのデータベースや企業のホームページなどを用いて，日本の主要企業の本社・支店立地を調べてみよう．業種によって立地パターンにどのような差がみられるだろうか，またそのような差はどのような要因によって説明できるか考えてみよう．

［入門文献］

1　Alexander, I. (1979) *Office Location and Public Policy*. London : Longman.［アレキサンダー著，伊藤喜栄・富田和暁・池谷江里子訳（1989）『情報化社会のオフィス立地』時潮社］
2　山崎　健（2001）『大都市地域のオフィス立地』大明堂．
3　大西　隆（1992）『テレコミューティングが都市を変える』日経サイエンス社．
4　中村良平・田渕隆俊（1996）『都市と地域の経済学』有斐閣．
5　佐々木公明・文　世一（2000）『都市経済学の基礎』有斐閣．

1 は，オフィス立地に関する基本的な議論が網羅されている．2 は，オフィス立地研究のレビューと日本の大都市におけるオフィス立地の詳細な分析がなされている．3 は，情報化の進展によりオフィス立地がどのように変わるか，日本とアメリカのオフィス立地の実態を報告したもの．4 と 5 は，オフィス立地も含めた都市経済学の入門書．

第5章　クルーグマンの産業立地モデル

鈴木洋太郎

クルーグマンの新しい産業立地モデル

　ポール・クルーグマン（Paul Krugman）は，1953年に生まれ，マサチューセッツ工科大学（MIT）大学院を修了し，現在は同大学の教授である．国際経済学，とくに国際貿易論と国際金融論の分野で顕著な業績を残しているが，近年，経済地理学の分野でも注目すべき研究を行っている．

　クルーグマンは，1991年に出版された著書のはしがきで，生産要素が移動せず，財はコストなしで貿易できるという国際貿易論的なアプローチよりも，むしろ生産要素は自由に移動できるが，財の輸送にはコストがかかるといった古典的な立地論に近いアプローチを取るようになったと述べている（Krugman, 1991）．

　1980年代，90年代において，国を越えて活動する多国籍企業や，欧州経済統合の進展，北米自由貿易圏の形成などグローバルな地域経済圏がますます注目されてきたが，クルーグマンは，国際貿易の新モデルの構築に取り組みながらも，国際貿易モデルの基本的形式では現実的な問題を十分に分析できないと痛感したために，経済地理学とくに産業立地モデルの研究に重点を移したのではないだろうか．

　クルーグマンの経済地理学研究は，独自の産業立地モデルの構築にその特徴がある．クルーグマンは，経済学の主流（新古典派経済学）において今まで無視されてきた，産業立地モデルが正当に評価されるようにモデルの改善を試みている．**収穫逓増**（規模の経済）と**不完全競争**を考慮に入れたクルーグマンの「新しい産業立地モデル」は，古典的立地論の新展開の可能性を示していると考えられる．本章では，クルーグマンの産業立地モデルを説明するとともに，その特徴について，アルフレッド・ウェーバーらの古典的立地論と比較しながら論じてみたい[1]．

分析の目的

　まず最初に，クルーグマンの産業立地モデルが何を明らかにしようとしているのか，つまりモデルを使った分析の目的について述べておく．

　工業地帯が存在しているように製造業の地理的配置は特定の地域に偏っている場合があり，こうした工業集積は個々の製造業企業の立地行動の歴史的な積み重ねによって形成される．いいかえれば，個々の製造業企業の立地行動の累積的なプロセスの結果，工業集積といった現象が生じるのである．クルーグマンの産業立地モデルは，製造業の地理的配置を集中化あるいは分散化させるような，個々の製造業企業の立地行動の累積的プロセスを明らかにするものである[2]．

　製造業の地理的配置の論理を先駆的に研究したウェーバーは，「人口や資本がある地方では急速に乏しくなり，他の地方では過剰となる．われわれは無限に続くと思われる都市への大集中を見る」(Weber 1909, 訳書，p. 2) と問題意識を述べており，ウェーバーの立地論も工業集積を通じた都市への人口集中といった動態過程の解明をめざした研究であったことが推測される．製造業の地理的配置や工業集積を通じた都市集中といったマクロ的な動向を，個々の企業の立地行動といったミクロ的な動きから把握しようとする方法は，古典的立地論からクルーグマンの産業立地モデルへと継承されているのである．

　ただし，古典的立地論が様々な立地因子や立地類型を整理・検討することに力点を置いていたのに対して，クルーグマンは企業の立地行動プロセスをモデル上でいかに表現するかに力を入れている．他の製造業企業との競争関係を考慮しながら簡潔なモデルを構築することは困難な作業であるが，経済理論家であるクルーグマンにとっては腕の見せ所でもある．

モデルの仮定と問題

　以下では，クルーグマンの産業立地モデルの具体的な内容についてみてみよう．
　単純化のため，全国が2地域（東部，西部）から成り立っており，産業は2部門（農業，製造業）のみであるとする．農業は，両地域に均等に分布しており，移動できないと考える．問題は，製造業が東部と西部のそれぞれに分布するような分散的な地理的配置となるか，東部あるいは西部に偏って分布するような集中的な地理的配置となるかである．
　製造業の地理的配置は，費用の最小化を追求する企業（製造業企業）の立地行

動によって決まってくる．企業は1つの工場を東部または西部に立地させるか，2つの工場をもち，両地域ともに立地させるかを意思決定する．こうした個々の企業の工場立地の合計が，製造業全体の地理的配置となる．

東部と西部それぞれの地域における個々の企業の製品に対する需要は，その地域の労働人口（農民と製造業労働者の数）に正比例しているとする．農業は地理的に均等に配置しており，農民が製品を需要する分は東部と西部で等しい．だが，製造業労働者による製品需要の東部と西部の割合は，製造業の地理的配置そのものによって異なってくる．

企業はその製品の需要の地理的な割合を考慮に入れながら，費用が最小になるように工場立地を決定するが，製品需要の地理的な割合は他の製造業企業の立地により変化する．そのため，製造業企業は，その立地行動において，互いに影響し合うことになる（Krugman, P. 1991, 訳書（1994），pp. 25-26）．

モデルの結論と導き方

結論を先にいえば，製造業企業の立地行動は，他の製造業が東部に偏って配置していると東部に工場を立地する傾向があり，逆に西部に偏って配置していると西部に工場を立地する傾向がある．また，他の製造業が東部と西部に均等に配置していると，両地域ともに工場を立地する傾向がみられる．つまり，企業の立地行動を通した製造業の地理的配置は，**初期条件**[3]に依存しながら，東部への完全な集中，西部への完全な集中，両地域への均等な分散といった3つの均衡があり得る（**複数均衡**）．

こうした結論は，製造業企業の立地行動の累積的プロセスから導き出される．図5-1は，ある製造業企業の立地行動の3つのパターン，つまり（a）東部に工場を設立する場合，（b）西部に工場を設立する場合，（c）両地域に工場を設立する場合を示している[4]．

東部または西部の一方に工場を設けると，製品を東部から西部へ，あるいは西部から東部へ輸送する費用がかかる．輸送費用を小さくするためには，製品需要（市場）の大きな地域に工場を立地させる方が望ましい．もちろん，東部と西部の両方ともに工場を立地させれば，製品の輸送費用は節約できる．だが，この場合，2つの工場を設立することになるので，工場建設費が追加的にかかることになる．なお，このモデルでは輸送費用と工場建設のための固定費用以外の費用は

(a) 東部に工場を設立する場合

西部 ← 東部 ■工場

東部から西部への輸送費用がかかる

(b) 西部に工場を設立する場合

西部 ■工場 → 東部

西部から東部への輸送費用がかかる

(c) 両地域に工場を設立する場合

西部 ■工場   東部 ■工場

追加の工場を設立する固定費用がかかる

図5-1　ある製造業企業の立地行動
出典：Krugman, P. 1991, 訳書（1994），pp. 16-18 を参考にして，鈴木作成

単純化のため捨象している．

　もし，他の製造業が東部に集中的に配置しているならば，製造業労働者のいない西部の労働人口は小さく，西部での製品需要は限定されるので，東部から西部への輸送費用はそれほど負担にならない．したがって，この場合，東部に工場を設立することが有利である．逆に，他の製造業が西部に集中的に配置している場合は，同じような理由から，西部に工場を設立することが有利となる．また，もし他の製造業が東部と西部に均等に配置しているのならば，東部と西部ともに大きな製品需要があるので，東部と西部間での輸送費用を回避するために，両地域に工場を設立することが有利となる．

　ただし，追加の工場建設費に比べて輸送費用が非常に大きい場合には，両地域に工場を設立するような分散的な配置が行われやすい．反対に輸送費用が非常に小さい場合には，東部あるいは西部への集中的な配置が行われやすい（Krugman, P. 1991, 訳書（1994），pp. 25-32）．

モデルの特徴と評価

　クルーグマンの産業立地モデルは，古典的立地論と比べて，いくつかの独特の特徴があるが，ここではモデル化の手法に関する2つの点を指摘しておく．
　第1に，製造業自身の地理的配置が，製造業労働者の地理的移動を伴いながら，製品需要の分布（消費地分布）に影響することをモデルの中に取り入れた点である．ウェーバーは「立地配置される工業生産単位は，そこで使用される労働力と結びついて，（同時に）ある特定の消費地配分―工業の立地配置の基盤そのものの一部分―をも作り出す」(Weber 1909, 訳書, p. 188) と述べており，古典的立地論においても，生産の立地による消費地への影響については認識されていた．だが，古典的立地論では，消費地の位置は所与として生産立地が考察されており，生産立地による消費地への影響がモデルでは扱われなかった．その理由としては，明示的あるいは暗黙的に，企業間の価格競争を念頭においてモデルを構築していたためであると考えられる．価格の変動により製品需要は変化するので，競争関係にある他の製造業企業の位置に対応した需要変化をモデルに取り込むことは困難であった．クルーグマンは，必ずしも現実的ではない仮定ではあるが，**製品差別化**を通じた不完全競争を前提として，各企業の製品に対する需要を一定とすることでこの問題を解決している．
　第2に，従来，モデル化が困難であった収穫逓増（規模の経済）の条件を立地モデルに取り入れた点である．クルーグマンは，不完全競争の下での企業の複数工場立地と追加的な工場建設費をモデルに組み入れることにより，工場規模の拡大によって発生する生産費用の低減の問題を取り扱う1つの方法を提示した．ただし，クルーグマンのモデルでは，互いの製品を製造業労働者が需要することから，製品輸送費用の最小化を求めて多数の工場が集積するのであり，多数の工場が場所的に近接することによって発生する生産費用の低減の問題はモデル上では取り扱われていない．したがって，クルーグマンの産業立地モデルにおける工業集積は，集積の利益を求めて多数の工場が集積したものではない．だが，ウェーバーのいう集積の利益[5]には工場規模の拡大によって発生する生産費用の低減も含まれており，クルーグマン・モデルの工業集積は，集積要因がまったく作用していない偶然集積とはいえない．1企業内の工場の統合という面で集積要因が作用したケースであると考えられる[6]．

クルーグマンの産業立地モデルは，単純化による問題点をかかえているものの，企業の立地行動をベースとしたそのモデルは古典的立地論を継承しつつ，モデル化の手法に独自性が認められると結論づけられる．

企業の立地行動の理論化に向けて

近年，産業活動の地理的配置が集中化する**産業集積**現象が地理学のみならず経済学や経営学，社会学など幅広い分野で注目されている．アメリカのシリコンバレーや東京都大田区などが産業集積が行われる場として研究対象となっており，効率的な産業活動やイノベーションの促進など産業集積地のもつ立地環境上の独特な役割について研究が行われている．だが，近年の産業集積研究の多くは，産業集積が企業の立地行動の累積的プロセスを通して形成あるいは再編されるものであるという本質を十分に理解していない．クルーグマンの産業立地モデルは，こうした産業集積の動態過程の一側面を明らかにするのに役立つとともに，古典的立地論が追求してきた企業の立地行動についての理論化を進展させる可能性を有している．前述したように，製造業の地理的配置や工業集積を通じた都市集中といったマクロ的な動向を個々の企業の立地行動といったミクロ的な動きから把握しようとする方法は立地論の伝統的な特徴であるが，企業の立地行動の累積的なプロセスを論理づけることが立地論を学問的に飛躍させるために欠かせないと考えられる．

注

1) クルーグマンの産業立地モデルについては，Krugman, P. (1991) *Geography and Trade*. Leuven: Leuven University Press.［クルーグマン著，北村行伸・高橋 亘・妹尾美起訳（1994）『脱「国境」の経済学』東洋経済新報社］に基づいて説明を行う．より厳密な説明は，鈴木洋太郎（2000）「P. クルーグマン」（矢田俊文・松原　宏編『現代経済地理学』ミネルヴァ書房）pp. 260-278 を参照してほしい．また，山本健兒（2000）は，クルーグマンのモデルを詳しく検討し，内在的批判を行っている．

2) 山本健兒は，クルーグマンの中心・周辺形成論の結論を以下のようにまとめている（山本健兒, 2000）．①均衡点は複数存在する．②どの均衡が結果として生ずるのか，これを決める重要な要因は初期条件であり，最初の歴史的偶然性が重要な役割を果たす．③特定の歴史的偶然性のもとで，規模の経済（収穫逓増），輸送ネットワークの形成に基づく十分に安い輸送費，そして全産業に占めるフットルースな産業，すなわち製造業の比重が

大きいという3つの要因が相互に作用するならば，特定地域への製造業の集中が発現する．④この地理的構造は長期にわたって安定的である．⑤しかしながら，ひとたび変化が起きれば，「自己実現的な期待」が強く影響するため，その変化が急速に進行し，別の均衡状態に達する．

3) 山本健兒は，「彼の言う歴史の重要性とは，初期条件という歴史的偶然性のみに着目した主張に過ぎないとみることができる．むしろ，工業生産技術の変化や輸送技術の変化，インフラ整備のための政府の政策，全産業に占める工業部門の比重の増大は，いずれも初期条件とか偶然性という言葉で片付けることのできない歴史的プロセスである」と述べ，歴史的プロセスの意義を強調している（山本健兒，2000）．

4) クルーグマンは，数値例を使って，説明を行っている．

ある企業の製品に対する需要が10単位あるとする．また，全国の労働力人口の60％が農民であり，東部と西部に均等に分布しているとする．

もし，他のすべての製造業が東部に集中的に配置しているならば，東部では農民の需要が3単位，製造業者の需要が4単位となり，合わせて7単位の需要となる．西部での需要は農民の需要のみの3単位である．逆に，他のすべての製造業が西部に集中する場合は，製造需要は西部で7単位，東部で3単位となる．また，もし他のすべての製造業が東部と西部に均等に配置しているのならば，それぞれの地域の需要は5単位（農民の需要3単位と製造業労働者の需要2単位）ずつとなる．

1つの工場を設立するための固定費用を4，製品1単位を東部と西部の間で輸送する費用を1とし，この固定費用と輸送費用の合計が総費用であるとする．

もし，他のすべての製造業が東部と西部に均等に配置をしているならば，東部の1つの工場から全国（東部と西部）に製品を供給する場合，固定費用が4，東部から西部への輸送費用が5，合わせて9の総費用がかかる．西部に1つの工場を設立する場合も同じく，総費用は9である．総費用が最小となるのは，東部と西部それぞれに工場を設立する場合であり，固定費用が倍の8になるものの，輸送費用がかからないので，総費用は8となる．

また，もし他のすべての製造業が東部に集中的に配置しているならば，東部に工場を設立する場合は総費用7（固定費用4，輸送費用3），西部に工場を設立する場合は総費用11（固定費用4，輸送費用7），両地域に工場を設立する場合は総費用8（固定費用8，輸送費用0）となり，東部での工場立地が最適となる．逆に，他の製造業がすべて西部に集中的に配置しているならば，西部に工場を設立する場合の総費用7（固定費用4，輸送費用3）が，東部に工場を設立する場合の総費用11（固定費用4，輸送費用7）や両地域に工場を設立する場合の総費用8（固定費用8，輸送費用0）と比べて，最小となる．

5) ウェーバーの集積の利益については，柳井雅人（1997）『経済発展と地域構造』大明堂が参考になる．

6) 鈴木洋太郎（2000）「企業の立地行動と産業集積についての理論的一考察」『経営研

究』51-2, pp. 19-34. を参照のこと.

[演習問題]

1 ウェーバーの立地論とクルーグマンの産業立地モデルとの類似点と相違点について，まとめてみよう．
2 集積が集積を呼ぶといった累積的プロセスがみられる事例を，探し出してみよう．

[入門文献]

1 Krugman, P. (1991) *Geography and Trade*. Cambridge, Mass.: The M. I. T. Press. [クルーグマン著，北村行伸・高橋 亘・姉尾美起訳 (1994)『脱「国境」の経済学』東洋経済新報社]

2 Krugman, P. (1995) *Development, Geography, and Economic Theory*. Cambridge, Mass.: The M. I. T. Press. [クルーグマン著，高中公男訳 (1999)『経済発展と産業立地の理論—開発経済学と経済地理学の再評価』文眞堂]

3 Krugman, P. (1996) *The Self-Organization Economy*. Cambridge, Mass.: Blackwell. [クルーグマン著，北村行伸・姉尾美起訳 (1997)『自己組織化の経済学』東洋経済新報社]

4 藤田昌久・ポール＝クルーグマン・アンソニー＝J＝ベナブルズ（小出博之訳）(2000)『空間経済学—都市・地域・国際貿易の新しい分析』東洋経済新報社．

5 週刊ダイヤモンド編集部・ダイヤモンド＝ハーバード＝ビジネス編集部共編 (1997)『複雑系の経済学：入門と実践』ダイヤモンド社．

1, 2, 3 は，経済地理学関係のクルーグマンの著書である．4 は，空間経済学の最新の議論を取り入れた専門書である．5 は，複雑系の経済学に関する入門書である．

第6章　ポーターの産業クラスター理論

加藤和暢

グローバルとローカル

　このところ各方面で，産業集積に対する関心が，かつてないほどの高まりをみせている．「産業クラスター」理論を提起したマイケル・ポーター（Michael Porter 1947–)（ハーバード大学ビショップ・ウイリアム・ローレンス寄付講座教授）は，その火つけ役の1人といってよかろう．本章では，産業組織論をベースにすえた経営戦略研究の世界的な大家として著名なポーターが，経済地理学・立地論における伝統的テーマの1つである産業集積の問題をめぐって展開した議論の要点を解説し，その研究史的な位置づけと今後の課題について考えてみたい[1]．

　経済のグローバル化に伴って，国の違いは決定的な意味をもたなくなったという主張を耳にする機会が増えている．実際，インターネットの驚異的な発展などを背景に，どこで仕事をし生活を営むかは，いまや重大な問題でなくなったと主張する人は多い．だが，そういった「**地理の終焉**」論[2]に対してポーターは批判的である．

　彼によれば「グローバル経済において最も持続性のある競争優位は，ローカルな要因から得られる場合が多い」．いや，むしろ「競争のより先進的な次元が地理的な束縛のもとに残される」と理解するほうが正確だからである．グローバル化が進んだとされる現在でも，特定の産業におけるリーダー企業は，なお少数の国に集中する傾向を顕著に示すばかりでなく，特定の都市や地域に立地するケースが多いという「事実」が，その点を裏づけていると彼はいう．

　こうした見解を彼が固めるにあたって重要な役割を果たしたのが，レーガン政権下における「産業競争力に関する大統領諮問委員会」での経験や，その教訓をふまえて自ら組織した国際比較研究プロジェクトにおいて獲得した知見である．とりわけ有名な『国の競争優位』の基礎となった日米独など10カ国における生産性上昇メカニズムの詳細な事例研究は決定的な意味をもっていた（Porter,

58　第I部　立地論の基礎

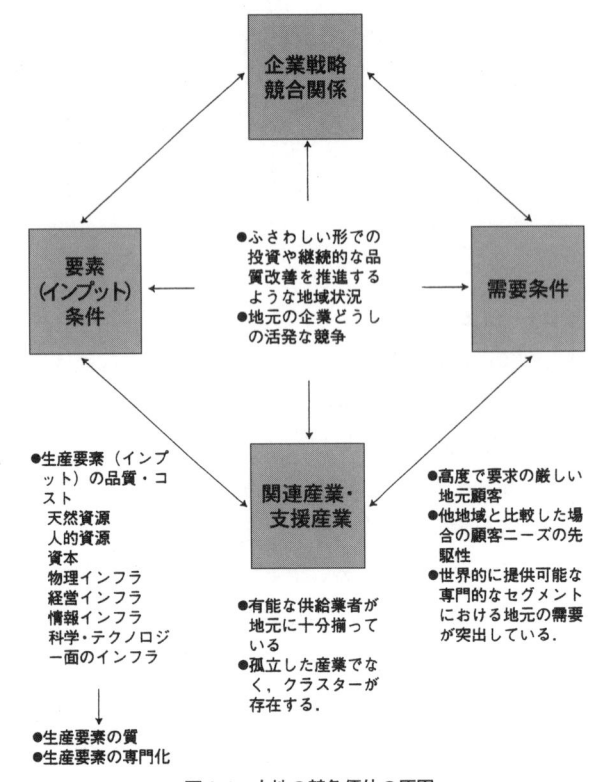

```
                    ┌─────────┐
                    │企業戦略  │
                    │競合関係  │
                    └─────────┘
                         ↑↓
      ┌─────────┐   ●ふさわしい形での   ┌─────────┐
      │ 要素    │   投資や継続的な品   │         │
      │(インプット)│ ⇄ 質改善を推進する ⇄ │ 需要条件 │
      │ 条件    │   ような地域状況    │         │
      └─────────┘   ●地元の企業どうし   └─────────┘
                    の活発な競争
                         ↑↓
                    ┌─────────┐
                    │関連産業・│
                    │支援産業 │
                    └─────────┘
```

●生産要素（インプット）の品質・コスト
　天然資源
　人的資源
　資本
　物理インフラ
　経営インフラ
　情報インフラ
　科学・テクノロジー面のインフラ

●生産要素の質
●生産要素の専門化

●有能な供給業者が地元に十分揃っている
●孤立した産業でなく，クラスターが存在する．

●高度で要求の厳しい地元顧客
●他地域と比較した場合の顧客ニーズの先駆性
●世界的に提供可能な専門的なセグメントにおける地元の需要が突出している．

図6-1　立地の競争優位の原因
出典：Porter, M. E. (1998) *On Competition*, Boston: Harvard Business School Publishing. ［ポーター著，竹内弘高訳 (1999)『競争戦略論II』ダイヤモンド社］p. 262.

1990）．というのも，そこで発見された「産業クラスター」化の現実が，ポーターをして「**地理の再発見**」へと向かわせることになったからである．

「競争優位」の源泉としてのダイヤモンド

　同書で彼は，国の**競争優位**を決定する要因として，①「ある任意の産業で競争するのに必要な熟練労働力またはインフラストラクチャーといった生産要素における国の地位」を意味する要素条件，②「製品またはサービスに対する本国市場の需要の性質」である需要条件，③「国の中に，国際競争力をもつ供給産業と関連産業が存在するかしないか」という関連・支援産業の有無，④「企業の設立，組織，管理方法を支配する国内条件および国内のライバル間競争の性質」を指す

企業の戦略・構造およびライバル間競争の状態の4つをあげた（図6-1）．そして，これら①要素条件，②需要条件，③関連・支援産業，④諸企業の活動によって織りなされる競争パターンの相互関係を野球場の内野になぞらえて「**ダイヤモンド**」と呼び，それが国の競争優位を規定するメカニズムを次のように説明している．すなわち「『ダイヤモンド』は相互強化システムである．一つの決定要因の効果は，他の要因に付随して動く．たとえば，需要条件に恵まれていても，ライバル間競争の状態が企業にそれへの対応をさせるだけ十分でなかったら，競争優位には結びつかないだろう．一つの要因での優位はまた，他の要因の優位を創造または**グレードアップ**する」と．

地理的近接性によるダイヤモンドの強化

ところで，ポーターによれば，こうした相互強化作用は**地理的近接性**によって一段と強化される傾向をもつ．ライバル，顧客，供給企業が集中していると効率化と専門化が促進されるなど「場所の近さによって，『ダイヤモンド』内の別々の影響力が真のシステムに高められる」からである．このように，地理的近接性を媒介としてダイヤモンドの相互強化作用が強められた状態が，彼によって「国の優位性を理解するうえでの分析の基本単位」とされた**産業クラスター**なのであった．

『競争戦略論』の中でポーターは，産業クラスターを「ある特定分野に属し，相互に関連した，企業と機関からなる地理的に近接した集団である．これらの企業と機関は，共通性や補完性によって結ばれている．クラスターの地理的な広がりは，一都市のみの小さなものから，国全体，あるいは隣接数カ国のネットワークにまで及ぶ場合がある．クラスターは深さや高度化の程度によってさまざまな形態をとるが，たいていの場合は，最終製品あるいはサービスを生み出す企業，専門的な投入資源・部品・機器・サービスの供給業者，金融機関，関連業界に属する企業といった要素で構成される」と規定している（Porter, 1998）．この他，下流産業（流通チャネルや顧客）に属する企業をはじめ，補完製品メーカーや専用インフラストラクチャーの提供者，業界団体やクラスターのメンバーを支援する民間団体，さらには専門的な情報や技術的支援を提供する大学や政府などの機関などもクラスターに含まれるのであるが，いずれにしても「クラスターは，直接にはダイヤモンドの一角を占めるにすぎない（関連・支援産業）」．しかし，そ

こに立地をともにするという事情から生まれる「**外部経済**や，様々な種類の企業間，産業間の**スピルオーバー**」のみならず，「人間同士の付き合い，直接に顔を合わせたコミュニケーション，個人や団体のネットワークを通じた相互作用」が働くことで，「部分の総和よりも大きい」メリットが創造されている点を彼は重視するのであった．

カリフォルニアのワイン・クラスター

　ポーター理論の骨子は，おおむね以上のように整理することができるのであるが，次に彼が産業クラスターの具体例としてあげている，イタリアの革靴・レザーファッション，カリフォルニアのワイン，グランドラピッズ（ミシガン州）の産業備品，スウェーデンの林業製品などのうち，このところ日本でも注目を集めている「**大学と産業のコンビ**」の先進事例とされるカリフォルニアのワイン・クラスターの実際を簡単にみておこう．

　図6-2は，カリフォルニア・ワイン・クラスターの主要な構成要素と要素間の関連を図示したものである．ここでポーターが強調するのは，ブドウの栽培についてはカリフォルニアの農業クラスターとの，またワインの製造に関しては同地の観光クラスターや食品クラスターとの，それぞれ強固な結合に示された広範囲な支援産業による補完の存在であり，また世界的に著名なカリフォルニア大学デイビス校のワイン研究所をはじめとするブドウ栽培・醸造研究の各種プログラムやカリフォルニア州上院・下院のワイン特別委員会といった有力な地元機関がクラスターの有機的な構成要素となっている点であった．『国の競争優位』で彼は，競争優位の重要な鍵として「高度で専門的な要素を創造しグレードアップすること」をあげ，こうした要素創造は個人や研究所そして政府機関の注意を引きつけるような「威信が高く，国が重視する産業でとくに急速に進む」こと，そして要素創造に取り組むライバルたちが1都市ないし同一地域に集中していればいるほど多数の**イノベーション**が生み出されやすい点を指摘したが，そこで典型例の1つとしてあげられたのが，このカリフォルニアのワイン・クラスターにほかならない．

クラスターの確定手順

　産業クラスター分析のポイントは，いかにしてクラスターの構成要素と要素間

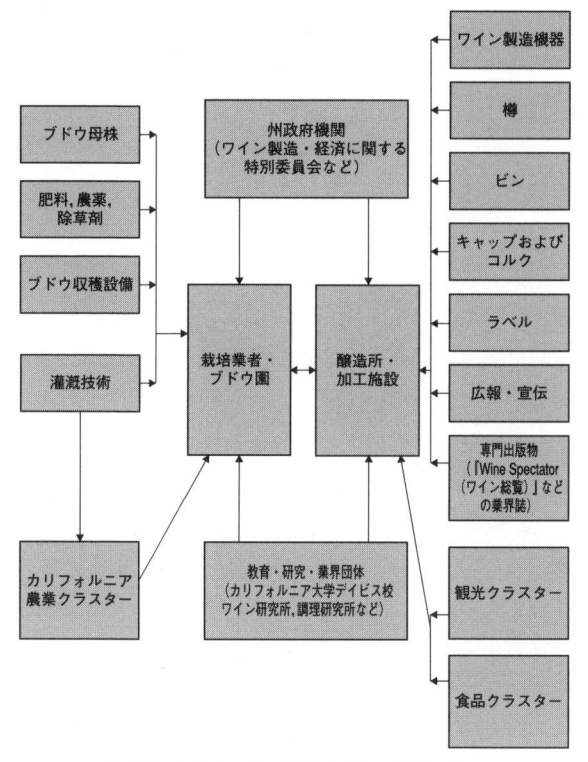

図6-2 カリフォルニアのワイン・クラスター
出典：Porter, M. E. (1998) *On Competition*, Boston: Harvard Business School Publishing.［ポーター著，竹内弘高訳(1999)『競争戦略論II』ダイヤモンド社］p. 73.

の関連を把握するかにかかっているといっても過言でなかろう．ポーターによれば，大企業や類似企業の地理的な集中を検出したら，次になすべきは①集中を構成する個々の企業などが，どのような**垂直的連鎖**によって関連づけられているかを上流・下流の両方向について検証することであり，また②そこで利用されている流通チャネルに共通性があるかどうか，補完的な製品・サービスを供給産業が存在するか否か，さらには類似した専門的な投入資源・技術を利用している産業の有無といった需要・供給の両面にわたる**水平的な連関**を確認する作業である．その上で，③これらの企業に専門的なスキル・技術・情報・資本・インフラストラクチャーを提供している機関やクラスター参加者が所属している団体を把握するとともに，④クラスター参加者に対して影響力をもつ政府その他の監督機関を

探して相互に関連づけることによって，先にみたカリフォルニアのワイン・クラスターのような図式化が可能になると彼は説明している．

この場合に問題となるのは，クラスターの（地理的）範囲をどのように画定するかという点であるが，それに対するポーターの回答は必ずしも明確とはいえない．彼は，生産性やイノベーションに与える「スピルオーバー」の影響範囲の如何が，この点についての最終的な判断基準であることを主張する．だが，それは結局のところ「程度の問題」であって，この判断そのものが「産業どうし，あるいは各種機関どうしのつながりや補完性のうち，競争上最も大きな意味を持つものについての理解に裏づけられた創造的なプロセスである」と指摘するにとどまり，曖昧さをぬぐいきれていない．

ただ，彼がクラスターは「行政上の区分と一致していることも多いが，州境や国境をまたがっている場合もある」と述べ，「言語が共通で物理的な距離が短く（たとえば，事業拠点のあいだが 200 マイル〔約 320km―引用者註〕以下程度），法律などの制度が類似しており，貿易・投資障壁が低い場合には，クラスターが政治的な国境を越える可能性も高くなる」と指摘している点は，今後この問題を考えていく上で注目すべき指摘といえよう．

産業クラスターの地理的分布

さて，ポーターによれば「うまく機能するクラスターの開発は，先進的な経済に移行するために欠かせない第一歩」にほかならない．にも関わらず開発途上国では「中央から離れた地域にインフラストラクチャーや各種機関が整備されておらず利用できる供給業者などが存在しないという状況を反映して」大規模な首都の近郊に経済活動の大半が集中する傾向がある．この結果，途上国の「クラスターは，奥行きが浅く，外国製の部品やサービス，技術に大きく依存しがち」となり産業のグレードアップや生産性の向上を妨げる原因となっているのに対して，先進的な経済では「たえず発展する関係やつながりが，密度の濃い網の目を構成」した確固たるクラスターが存在しているだけでなく，その数自体も増加する傾向をもつと彼はいう．

『競争戦略論』でポーターは，アメリカに関して 34 の地域クラスターをあげて地理的分布を図示しているが，それでも全体の「ごく一部を示しているだけである」ことを断っている．彼によれば，クラスターの集中型の分布パターンは，

「地理的な拡散と専門化というパターンに比べると，生産性の点では費用が高くついてしまう．渋滞やボトルネック，柔軟性の欠如のせいで管理費用が高くなり，効率が大きく損なわれる．生活の質が落ちる」．そのため先進型の経済となればなるほど「集中型の経済から，専門化した産業やクラスターからなる分散型の経済へ」と変化する傾向を内在させていると考えられるからであった．

かくしてポーターは「多くの都市圏がそれぞれにクラスターとして特化しているという特徴を持つ経済地理の方が，一つないし二つの多角化した巨大都市に基づく経済よりも，はるかに生産性が高いようである」という．さらに，『日本の競争戦略』においては，こうした地理的パターンが経済活動に「いかに大きな非効率や生産性の犠牲を招くかを明確に示している」具体例として製造業出荷額の50％近くが東京と大阪に集中している日本をあげ，それを「どう変えていくかは，日本が直面する大きな政策課題となっている」とも指摘している（ポーター・竹内弘高，2000）．ただ，この点については，先に紹介した拠点間の距離が200マイル程度であれば国境を越えたクラスターも成立しうるというポーター自身の指摘からいっても，多分に議論の余地が残されているように思う．名古屋を中心に半径300kmの円を描くと，東は千葉市，西は岡山市までの範囲（いわゆる太平洋ベルトの大半）が含まれてしまう日本と，アメリカやヨーロッパ大陸とを同次元で扱うわけにはいかないからである．

「イノベーション」の母胎としての産業集積

産業クラスターが生みだすメリットとしてポーターが指摘したのは，①クラスターを構成する企業や産業の生産性を向上させ，②その企業や産業がイノベーションを進める能力を強化することで生産性の成長を支えると同時に，③イノベーションを支えクラスターを拡大するような新規事業の形成を刺激するという3点であった．そのいずれのメリットの創造にあたっても「情報の自由な流れ，付加価値をもたらす交換や取引の発見，組織間で計画を調整したり協力を進める意志，改善に対する強いモチベーションなどに大きく左右される」点に彼は注意を促す．このようにクラスターが生みだすメリットの把握にあたっては，その経済構造ばかりでなく社会構造の在り方にも注意が払われねばならぬ点を強調するポーターの議論は，産業集積の「**ソシオ・エコノミックス**」をめざす試みとして位置づけることが可能であろう．

こうしたポーターの議論は，経済地理学における産業集積論の多くがコスト引き下げ効果に焦点を合わせてきたのとは違い，むしろ産業集積がイノベーションを持続的に生み出す母胎としての役割を担っている点に特徴をもつ．経済地理学の分野でも，近年，藤川昇悟や山﨑朗など，こうした側面に注目した議論が提起されはじめたが，なお今後に期待するところが大きい[3]．かくして立地論や産業地理学における実証研究の蓄積をふまえつつ，ポーターの着目した「ネットワークを通じた相互作用」にも目配りしたソシオ・エコノミックなアプローチに基づく研究成果の蓄積が強く要請されているのであるが，その場合，彼の議論から吸収すべきポイントの中心をなすのは次に示す2点であろう．

需要条件の重要性

最初に指摘しておかねばならない点は，日本における産業クラスター理論の受容のされ方についてである．結論からいえば，日本の産業クラスター論議は，あまりにも要素条件や関連産業・支援産業の問題に偏っているといわざるをえない．そのためクラスターの議論が，いつの間にか技術開発論やコスト削減論にすり替わってしまう傾向さえみられる．

けれども，ポーターが自ら「私の理論は産業間の縦の連携だけではなくて需要条件を大いに重視している」と述べ，さらには「競争優位を推進するうえで，需要条件や産業間の垂直関係に重点をおく」が故に最終使用形態に注目する必要があると指摘している点からも明らかなように，むしろ彼の関心は需要条件への傾斜を強く示していたのであった．その背後に，市場の成熟化に伴う消費者ニーズの多様化と目まぐるしい変化や，大企業がイノベーションの主役であった「中央研究所時代」が終焉を告げベンチャー企業から特許を**ライセンシング**する時代へと再転換している現実がある点は，あらためて説明するまでもなかろう[4]．いまや「良いものを安くつくる」というよりも「売れるものを嗅ぎ出してつくる」ことが要請されているのであり，そうしたビジネス環境の変化こそポーターをして需要条件に対する強い関心をいだかしめた起因にほかならない．

産業集積の存立にとって「市場対応」の如何が重要な意味をもっている点に着目した研究は日本でも手がけられはじめたが，こうしたポーターの問題関心を十分に踏まえつつ産業クラスター理論を消化し今後の研究に活かしていく必要があろう．ポーターが問題としたのは，まさにイノベーションの実現環境が変化し，

そのトリガーとしての需要条件の役割が高まっている点への注目にほかならなかった．この点は十分に留意すべきである．

取引ネットワークとしてのクラスター

次に指摘しておかなければならないのは，産業クラスター理論を立地論研究の文脈で理解するのみならず，

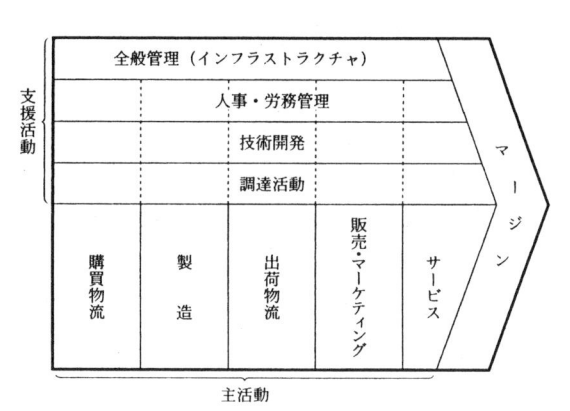

```
┌─────────────────────────────────┐
│  全般管理（インフラストラクチャ）  │
├─────────────────────────────────┤ マ
│     人事・労務管理              │ ー
├─────────────────────────────────┤ ジ
│      技術開発                   │ ン
├─────────────────────────────────┤
│      調達活動                   │
├──┬──┬──┬──┬──┤
│購│製│出│販│サ│
│買│  │荷│売│ー│
│物│  │物│・│ビ│
│流│造│流│マ│ス│
│  │  │  │ー│  │
│  │  │  │ケ│  │
│  │  │  │テ│  │
│  │  │  │ィ│  │
│  │  │  │ン│  │
│  │  │  │グ│  │
└──┴──┴──┴──┴──┘
        主活動
```

図6-3　価値連鎖の基本形
出典：Porter, M. E. (1985) *Competitive Advantage*, New York: The Free Press.［ポーター著，土岐　坤ほか訳 (1985)『競争優位の戦略』ダイヤモンド社］p. 49.

ポーター自身の研究史に位置づけつつ——いわば「第二水準」において——理解することの必要性である．クラスターといえば，すぐにダイヤモンド図式に目が向けられるが，先に紹介したクラスターを確定する手順からも明らかなように，同図式はポーターの「**価値連鎖**」ないし「**価値システム**」理論の展開としての一面をもっていることは明らかであろう（図6-3）[5]．すなわち，ポーターのいう要素条件は「社内の価値連鎖」にとっての上流をなす「供給業者の価値連鎖」に，また需要条件は下流をなす「買い手の価値連鎖」に相当し，さらに「社内の価値連鎖」を補完する役目を関連・支援産業が果たし，企業戦略・競争環境は同業他社の価値連鎖が対応していると理解しうるからである．

価値連鎖については，ディッケン・ロイドも『立地と空間』において議論しているが，その延長線上に展開されたクラスター理論を，価値連鎖の視点から経済地域を**取引ネットワーク**として把握した試みとして解読する可能性については必ずしも意識されていない．しかしながら，ポーターのクラスター理論は，それを「市場とヒエラルキーのあいだの連続性のもとで一つの確固たる組織形態」ないし「クラスターはある地理的な立地内で生ずるネットワーク形態」であると表現していることからも明らかなように，取引のネットワークとして経済地域を把握し，そのきわめてアクティブな状態として産業集積を把握したものといえる．このような理解に立てば，彼の議論を踏まえつつ経済取引の連鎖を軸にすえた**経済地域論**の構築を展望することも可能となろう．

このように「経済学と経営学との橋渡し」に腐心してきたポーターの議論から学ぶところは多い．産業クラスター理論は，単に集積メカニズムを問題とした理論であるにとどまらず，産業集積を経済地域の1つの状態として位置づけた点において，経済地域論の将来にむけた新展開にも多くの示唆を与えていると考えられる．経済地理学・立地論の理論的な基盤を，ポーターの産業クラスター理論が提起している多くの論点を積極的に吸収・消化しつつ練り上げていくことが今後の課題として要請されているともいえよう．

注

1) 産業クラスター理論に関連するポーターの著書としては，Porter, M. E. (1990 ; 1998)，ポーター・竹内弘高（2000）などがある．なお，ポーターの所説をめぐる論議については拙稿「M. ポーター——国と地域の競争優位」（矢田・松原（2000）所収）を参照されたい．
2) オブライエンは，『グローバル金融統合』のサブタイトルに「地理の終焉」という象徴的な表現を付した（O'Brien, R., 1992）．
3) 藤川昇悟（1999）「現代資本主義における空間集積に関する一考察」『経済地理学年報』45-1, pp. 21-39 ; 山﨑 朗（2000）「産業集積とイノベーション」（所収伊東弘文・細江守紀編『現代経済の課題と分析』九州大学出版会）．
4) この点については，Rosenbloom, R. S. and Spencer, W. J. 1996, 訳書（1998）を参照．
5) ポーターは，「競争優位は，基本的にいうと，買い手のために創造できる価値から生まれる」とし，競争優位の基礎をなす「コストのビヘイビアおよび差別化の，現在または潜在の源泉を理解するために，会社を戦略的に重要な活動に分解」し，これらの価値をつくる活動群にマージンを加えた価値のすべてを価値連鎖と表現している（Porter, 1985）．また，当該企業の価値連鎖とともに，原材料供給業者の価値連鎖（川上価値），川下の流通チャネルの価値連鎖（チャネル価値），買い手の価値連鎖を含んだ全体の価値連鎖を，「価値システム」と呼んでいる．

［演習問題］

1 競争優位の単位を，どのような空間的スケールで考えたらよいだろうか？　国と産業クラスターとの関係をふまえながら，考えてみよう．
2 産業クラスターの事例を探し出し，構成要素と要素間の関係を図式化してみよう．

［入門文献］

1 Porter, M. E. (1998) *On Competition*, Boston : Harvard Business School Publish-

ing.［ポーター著，竹内弘高訳（1999）『競争戦略論（Ⅰ・Ⅱ）』ダイヤモンド社］
2 Porter, M. E. (1990) *The Competitive Advantage of Nations*. New York: The Free Press.［ポーター著，土岐　坤ほか訳（1992）『国の競争優位（上・下）』ダイヤモンド社］
3 Porter, M. E. (1985) *Competitive Advantage*. New York: The Free Press.［ポーター著，土岐　坤ほか訳（1985）『競争優位の戦略』ダイヤモンド社］
4 Porter, M. E. (1980) *Competitive Strategy*. New York: The Free Press.［ポーター著，土岐　坤ほか訳（1982）『競争の戦略』ダイヤモンド社］
5　マイケル＝E＝ポーター・竹内弘高（2000）『日本の競争戦略』ダイヤモンド社．

1は，ポーターの産業クラスター論を理解する上での必読書である．2から5は，関連するポーターの議論を理解する上で参照するとよい．

第 II 部　立地論の応用——現代的課題へのアプローチ

第 7 章　リストラクチャリング
——企業組織と立地論

松原　宏

現代的課題と立地論

　砂浜が細長く続く海岸線，何組もの家族連れが均等間隔でパラソルを開き，海水浴を楽しんでいる．そこに 2 人のアイスクリーム売りが現われる．2 人の容姿や売り方には差がなく，アイスクリームの味はともに極上で，誰もが買いたがるとする．お互いに相手の売れ行きを横目で見ながら，自由に場所を代えて売り歩くとして，最終的に 2 人のアイスクリーム売りはどのような位置をとるだろうか？

　こうした問いに対して，ホテリング（Hotelling, H., 1929）が出した答えは，2 人のアイスクリーム売りが，砂浜の中央でお互い背中合わせで売るようになるというものであった（図 7-1a）．すなわち，直線市場で 2 企業が競い合う**相互依存立地**の世界では，結果として集中が起きるとしたのである．

　もう 1 つの答えとして，2 人のアイスクリーム売りが直線市場の「四分位点」に分散して立地することも考えられる（図 7-1b）．それぞれが獲得する市場空間の範囲は同じなので，1 点に集中する場合と売上げは同じである．

　しかしながら，消費者の立場にたつと，集中パターンの場合には，中央に近い消費者には便利であるが末端の消費者には不便で，格差が大きい．これに対し，分散パターンでは，消費者の移動距離の差はかなりの程度減少する．

　砂浜を日本列島に置き換えてみると，2 人のアイスクリーム売りの話は，国土空間における一極集中と多極分散との議論に発展していく．競争しあう企業の自由な立地にまかせていたら，一極集中は強まるばかりなのだろうか？　どのようにしたら，企業が「四分位点」を相互に見出していけるのだろうか？

このように，立地論で考えることは，少し楽しく，しかもかなり大切なことにつながっている場合が多いのである．立地論で考えるためには，もちろん立地論の基礎を身につけておく必要がある．序章では，立地因子や立地競争など立地論の基礎概念を解説するとともに，立地論の系譜を整理した．その上で第Ⅰ部では，チューネン，ウェーバー，クリスタラー，レッシュの古典的立地論，オフィス立地に関する理論，クルーグマンとポーターの最近の議論を取り上げ，それぞれの理論の要点と現代的意義を明らかにした．

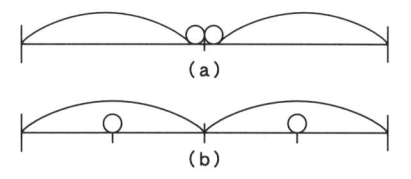

図7-1 直線市場における競争企業の立地
（松原作成）

こうした理論自体の内容を深めることは重要であり，立地論の場合には，まだまだ未解明の課題がたくさん残っている．しかしながら，立地論の真価は，現実の社会において実際に起きている現象をどのように説明することができるか，問題解決に向けた政策をいかに提案できるかにかかっている．そこで第Ⅱ部では，現代社会で注目されている諸課題（リストラクチャリング，グローバリゼーション，ローカリゼーション，流通革命，福祉政策，環境問題，IT革命）を取り上げ，それらを立地論でどのように考えたらよいか，立地論の適用可能性と新たな理論の展開を解説することにした．各論に先立ち，本章では，古典的立地論と区別される現代的立地論の特徴を確認するとともに，それらを踏まえて企業の立地論がどのように展開してきたかを整理したい．その上で，リストラクチャリング（事業の構造的再編）を取り上げ，企業の立地論，とりわけ組織論的立地論の分析視角と今後の研究課題を明らかにしたい．

現代的立地論の世界

当然ながら，古典的立地論の世界と現代的立地論の世界とでは，多くの点において違いがある．現代的立地論を展開する上で，いかなる点に留意すべきか，ここでは立地論全般にとって重要と思われる点を指摘しておきたい．

まず第1に，**立地原理**の転換があげられよう．グリーンハット（Greenhut, M. L., 1956）は，チューネン・ウェーバー型立地論の基本的欠点として，最小費用立地，所与の需要，企業間の立地の相互依存関係の無視をあげている[1]．そして，費用のみならず需要，純粋個人的考慮の3側面から**立地因子**の再整理を行い，

利潤最大化と満足最大化を立地原理として提示した．この他，企業行動の原理としては，売上高最大化，成長率最大化，安定性重視などが指摘されている．しかも，寡占企業による価格支配力が強い状況下では，**基点価格制度**など，差別的な空間価格が立地に及ぼす影響についても考慮する必要がある[2]．

また，クリスタラーの中心地理論においては，**最小努力の原則**が重視されていたが，現代商業の立地においては，**ワンストップショッピング**などの**消費者行動**や顧客の満足と，地域を絞り集中的に店舗を展開する「ドミナント戦略」など，商業資本の戦略的立地をも考慮に入れる必要がある．

さらには，政策的課題に立地論を適用する場合には，住民福祉の最大化といった目標や，環境負荷の軽減といった目標が重視されてくる．

第2に，**立地単位**の転換があげられよう．古典的立地論では，比較的規模の小さな経営体の自由な競争が前提とされており，もっぱら単独の工場や農場，商業・サービス施設の立地が問題とされてきた．しかしながら，企業の活動空間が外延的に拡大するにつれて，現代的立地論が対象とする立地単位は，〈企業本社―R&D（研究開発部門）―母工場―分工場―販売拠点〉といった企業組織全体に拡大してきている（図7-2）．また現代経済においては，寡占企業間の立地の相互依存・競合関係を考慮し，しかも複数企業・複数工場を対象とした新たな立地理論が必要となる．

さらに，マイケル・ポーター（Porter, M. E., 1985）は，企業の競争優位の源泉を理解するために，価値をつくる活動群を5つの主活動（購買物流，製造，出荷物流，販売・マーケティング，サービス）と4つの支援活動（調達活動，技術開発，人事・労務管理，全般管理）に分解し，それらの相互に依存したシステムを**価値連鎖**（value chain）という概念で把握している．従来の立地論では，製造を中心にせいぜい購買物流，出荷物流までを取り扱ってきていたが，ポーターのように広く企業活動を捉えた場合には，マーケティングやサービス，支援活動との関連などについて考慮していくことが必要になってくるのである．

企業立地論の展開

立地原理と立地単位の転換に応じて，立地論の内容も変化してきた．ここでは欧米における主な流れを整理しておきたい[3]．不完全情報の下での企業行動を論じたサイモン（Simon, H. A., 1955）の「**満足化行動原理**」の影響を受けて，**行**

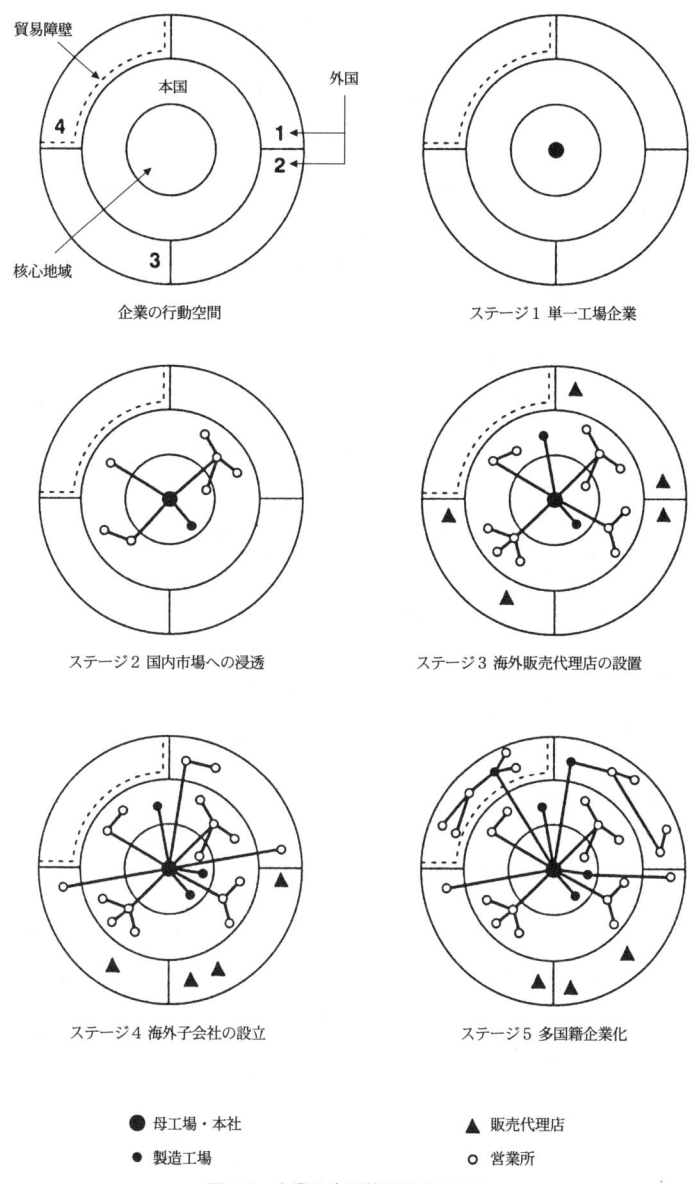

図7-2 企業の空間的展開のモデル

（企業の行動空間／ステージ1 単一工場企業／ステージ2 国内市場への浸透／ステージ3 海外販売代理店の設置／ステージ4 海外子会社の設立／ステージ5 多国籍企業化）

凡例：● 母工場・本社　● 製造工場　▲ 販売代理店　○ 営業所

図中ラベル：貿易障壁、本国、外国、核心地域

出典：Hakanson, H. (1979) Toward a Theory of Location and Corporate Growth. In FEI Hamilton and GJR Linge (eds.) *Spatial Analysis, Industry and the Industrial Environment, vol. 1: Industrial Systems*, London: John Wiley, pp. 115-138

動論的立地論が，また事業部制の成立を論じたチャンドラー（Chandler, A. D., 1962）の会社組織研究の影響を受けて，**組織論的立地論**が，1960年代以降に登場してきた．これらの動きは，1970年代になると，企業組織構造に対応した各組織単位の空間構造や立地連関，企業の立地行動の解明に力点を置いた「**企業の地理学**」へとつながっていく．単一工場の初期立地をもっぱら扱ってきた従来の立地論は批判され，既存工場の拡張・縮小，移転，工場の新設，分工場の立地，M&A（合併・吸収），工場閉鎖などについて，さまざまな企業や地域を対象にして，多くの実証研究が蓄積されてきた[4]．

しかしながら，「企業の地理学」は，不況や失業といった先進資本主義諸国で深刻化してきた構造的問題に対して，必ずしも十分な説明や解決策を提示できずにいた．1980年代になると，企業が作り出す空間構造の資本・労働関係に注目し，外部支配や分工場経済問題の解明に力点を置いた「**構造的アプローチ**」が登場してくる．その代表的な論者であるマッシィ（Massey, D., 1984）は，経営の意思決定を中心とした既存の立地論に対しては批判的で，生産における労働力利用の変化に力点を置くなど，産業立地を資本・労働関係の中に位置づけ，より広い経済的・イデオロギー的・政治的分析枠組みの必要性を強調している．その上で，マッシィは，管理の階層制と生産の階層制という2つの側面から**空間構造**の類型化を試み，①管理・生産両機能とも階層化が未発達で，特定地域に集中している「局地的集中型」，②管理面での階層化・分化は進んだものの，生産機能の階層化が未発達で，各工場とも工程の完結性を保持している「クローン型」，③管理・生産両機能とも階層化が進み，各工場とも一部工程に特化した「部分工程型」，以上の3つの型を提示している．このように，明瞭な階層関係を伴った本社の分離と工程間の**空間分業**の進展といった空間構造の変化の中に，リストラクチャリングが位置づけられ，歴史性や地域性を考慮した研究が進められてきたのである．

リストラクチャリングと立地論

欧米での企業の立地論を参考にしながら，日本の複数工場企業の工場立地パターンを検討すると，大きく「市場分割・相互浸透型」と「製品間・工程間空間分業型」との2つに分けられる（図7-3）[5]．前者は，寡占企業各社が全国市場をいくつかの市場圏に分割し，それぞれの市場圏に各社の工場を配置したもので，鉄

鋼，石油精製，石油化学，ビール製造などが該当する．後者は，寡占企業各社が製品別に全国市場をカバーする1つの拠点工場を配置し，さらに工程別の分担関係を明確にして複数工場を配置したもので，自動車，電気機械などが代表業種といえる．リストラクチャリングを考える際にも，この2つの型に分けて，それぞれの事例をみることにしよう．

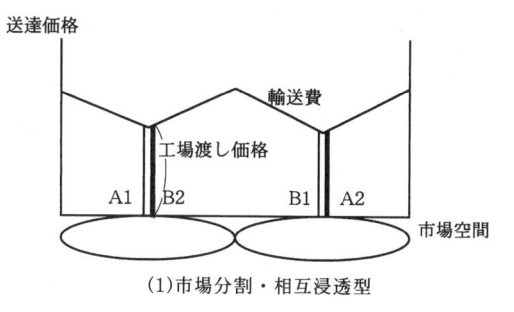

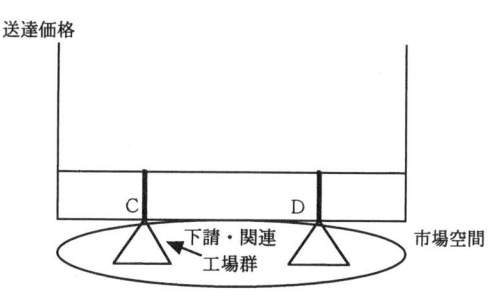

第1に，「市場分割・相互浸透型」に関して，ここでは，日本の鉄鋼業を事例に取り上げよう．表7-1は，鉄鋼大手5社の製鉄所別粗鋼生産量の推移をみたものである．よく知られてい

図7-3 複数企業・複数工場の立地類型（松原作成）
注：A〜Dは，各企業の工場を，A1，B1はA，B企業の旧工場，A2，B2は新工場を示す．(2)の輸送費は，0ではないがごく小さいことを示す．

るように，日本の鉄鋼業は，高度経済成長期に太平洋ベルトに新鋭の銑鋼一貫製鉄所を配置し，生産量を伸ばしてきたが，1970年代のオイルショック以降，生産設備の過剰が目立つようになり，今日に至るまで合理化が進められてきた．全体的なリストラクチャリングの空間的帰結は，戦前からの国内原料依存型の古くて小規模で市場から離れた位置にある製鉄所がスクラップ化され，相対的に新しく市場に近接した大型製鉄所がビルドされてきた点に要約できよう．

また，高度成長期には，東日本を基盤としてきた企業は西日本に，西日本を基盤としてきた企業は東日本に，それぞれ新しい製鉄所を建設し，「東西相互浸透」とよばれる活発な設備投資競争が繰り広げられた．しかし，スクラップアンドビルドの結果，かつての基盤が入れ替わるような状況になっている．リストラクチャリングは，地域経済に深刻な影響を与えるとともに，配置転換による従業員およびその家族の生活空間に大きな変化をもたらしたのである．

第2に，「製品間・工程間空間分業型」に関して，ここではある精密機械メー

表7-1 高炉5社の製鉄所別粗鋼生産量の推移
(鉄鋼新聞社『鉄鋼年鑑』各年度版により松原作成)

会社名	製鉄所名	創業年	粗鋼生産量（千トン）			
			1965年度	1975年度	1985年度	1996年度
新日本製鉄	室蘭	1909	2410	3074	1493	1171
	釜石	1903	807	1091	601	0
	君津	1968		6763	6412	8439
	名古屋	1964		4918	4427	4853
	堺	1965	816	3109	1521	0
	広畑	1939	2770	3364	1682	1004
	八幡	1901	6889	6887	5161	2911
	大分	1972		2942	6399	6873
	計		13735	32293	27981	25699
NKK	京浜	1927	4265	2115	5261	3366
	福山	1966		12327	6640	7362
	計		4265	14442	11901	10728
川崎製鉄	千葉	1953	4190	5714	4525	3116
	水島	1967		7253	6214	7095
	計		4348	13070	10744	10214
住友金属工業	鹿島	1971		4971	5833	5725
	和歌山	1961	2935	6092	3925	2988
	小倉	1939	957	1681	887	1149
	計		4184	13072	10775	10013
神戸製鋼所	加古川	1970		4662	5031	4722
	神戸	1959	1612	2323	1116	1027
	尼崎	1941	644	391	0	0
	計		2436	7577	6332	5905
5社	合計		28968	80454	67733	62559

カーの工場別製品分担関係の変化をみてみよう（図7-4）．カメラが成熟製品になるにつれて，本社工場から国内の地方工場へ，地方工場から海外の工場へと生産の移管が進み，かつてのカメラ工場は，本社やプリンタ，複写機などの工場に転換してきており，いわゆる「玉突き現象」がみてとれる．

このように，製品種類の多い機械工業では，製品のライフサイクルや海外移転に対応して，それぞれの工場で担当する製品の切り替えや新製品の投入が行われ，国内工場の閉鎖を免れているケースが多い．もっとも，自動車工業の場合には工場閉鎖が進んできており，また電気機械においても，国内工場と海外工場との棲み分けがなくなりつつある．グローバルな競争が激化する中で，「製品間・工程間空間分業型」においても，リストラクチャリングの影響が問題になってきてい

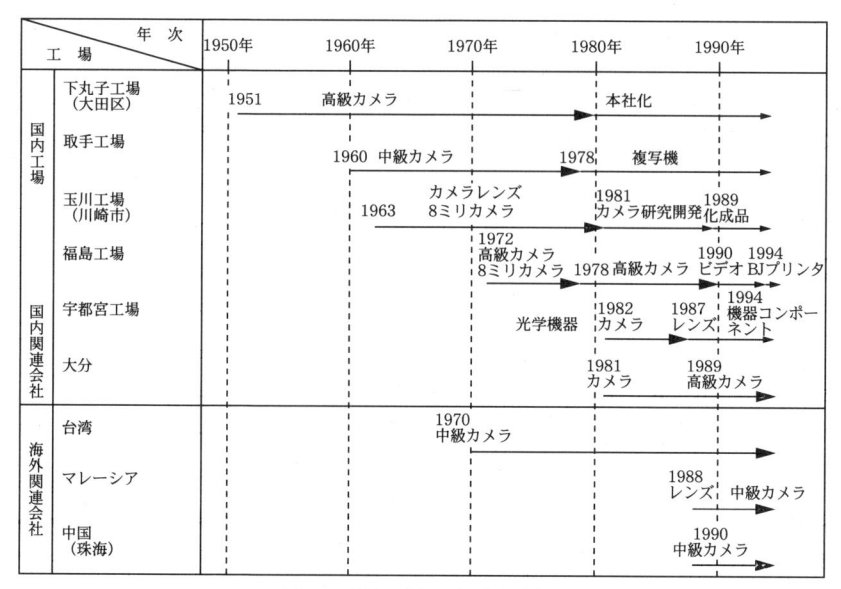

	年次 工　場	1950年	1960年	1970年	1980年	1990年
国内工場	下丸子工場 (大田区)	1951　　高級カメラ →→→→→→→→→→→→→→→→→→→			本社化 →→→→→	
	取手工場		1960　中級カメラ →→→→→→→→→→→→→		1978　複写機 →→→→→	
	玉川工場 (川崎市)		1963　カメラレンズ 8ミリカメラ →→→→→→→→		1981 カメラ研究開発 →→→	1989 化成品 →→→
国内関連会社	福島工場			1972 高級カメラ 8ミリカメラ →→→ 1978 高級カメラ →→→		1990　1994 ビデオ BJプリンタ
	宇都宮工場			光学機器 →→→→→→→→→→	1982　1987 カメラ　レンズ	1994 機器コンポー ネント
	大分				1981 カメラ →→→→→→	1989 高級カメラ →→→
海外関連会社	台湾			1970 中級カメラ →→→→→→→→→→→→→→→→→→→→→		
	マレーシア				1988 レンズ　中級カメラ →→→	
	中国 (珠海)					1990 中級カメラ →→→

図7-4　国内工場の「玉突き現象」
注：カメラ事業に関連する事業所についてのみ示した．矢印は，カメラ事業に関連する部分を大きくしている
出典：有価証券報告書より野村総合研究所作成

るのである．

組織論的立地論の課題

　以上のように，現代的立地論においては，複数企業・複数工場の相互連関を踏まえた立地調整・立地変化をどのように把握し，理論化するかが，重要な課題となっている．少ないながらリストラクチャリングの事例は，産業・企業・工場さらには地域の特性に応じて，立地調整・立地変化の類型化が可能であることを示唆している．また，こうした類型化を通じて，有効な政策的対応を考えていくことも可能であると思われる．しかしながら，まだ多くの課題が残されているのも事実である．最後に，組織論的立地論の今後の課題を指摘しておきたい．
　第1に，企業間関係に注目し，その空間的現われを検討する研究があげられる．市場・生産両局面でフレキシブルな対応が重視される現代では，垂直統合よりも垂直分割，**アウトソーシング**を指向する企業が増えている．**サプライヤ・システム**など，**企業間取引関係**の空間的側面についての分析，個人的な信頼関係や制

度・文化的側面に注目した地域産業集積の分析, 国際的提携関係や **OEM**, **ファブレス経営**など, 生産の空間的分業の新たな形態に着目した分析など, 研究の焦点は企業内部の組織構造から企業間関係へと移ってきている.

第2に, カンパニー制度の採用や分社化, 持ち株会社の設立など, 企業統治・編成原理の変更に注目し, その空間的現われを検討する研究があげられる. また, **企業文化**の特徴と立地との関係に着目した研究も注目される. 権限の委譲や企業文化といったソフト面での組織変化が, 立地にどのような影響を与えているか, こうした分野への研究の広がりが期待される.

このように, 競争環境の変化に対応して, 企業統治や企業間関係はより複雑になってきており, 立地論もその内容を高度にしていくことが求められているのである.

注

1) Greenhut, M. L. (1956) 訳書『工場立地 (下)』大明堂, pp.87-137.
2) 空間的価格決定方式と立地に関する議論については, Chisholm, M. (1966) 訳書などを参照.
3) 富樫幸一 (1990)「地域構造論と企業の地理学」(所収矢田俊文編『地域構造の理論』ミネルヴァ書房), Dicken, P. and Lloyd, P. E. (1990) *Location in Space. Third ed.* London: Harper & Row. [ディッケン・ロイド著, 伊藤喜栄監訳 (2001)『改訂版 立地と空間 (上・下)』古今書院] などを参照.
4) Watts, H. D. (1987) 訳書に多くの研究事例が収録されている.
5) 詳細については, 松原 宏 (1991)「寡占間競争下における工業立地理論と空間価格理論」『西南学院大学経済学論集』26-2/3, pp. 121-155 を参照.

[演習問題]

1 電車の7人がけの座席や大学の講義教室の座席などが, どのように埋まっていくか考えてみよう. 空間の埋まり方は, 立地主体のどのような行動原理によって説明されるだろうか, 考えてみよう.
2 新聞記事からリストラクチャリングの事例を探し出し, 工場の閉鎖や統合などの内容とその理由をまとめよう.

[入門文献]

1 Watts, H.D. (1987) *Industrial Geography*. London: Longman. [ワッツ著, 松原

宏・勝部雅子訳（1995）『工業立地と雇用変化』古今書院］
2 Massey, D. (1984) *Spatial Divisions of Labour*. London: Macmillan. ［マッシィ著, 富樫幸一・松橋公治監訳（2000）『空間的分業』古今書院］
3 Bale, J. (1981) *The Location of Manufacturing Industry : An Introductory Approach*. Second Ed. Oliver & Boyd. ［ベール著，北村嘉行・上野和彦・小俣利男監訳（1984）『工業地理学入門』大明堂］
4 小杉　毅・辻　悟一編（1997）『日本の産業構造と地域経済』大明堂.
5 高橋伸夫編（2000）『超企業・組織論』有斐閣.

1と3は工業地理学のテキスト．1は工場の新設・移転・増強・閉鎖に伴う雇用変化の分析が詳しい．2は「構造的アプローチ」で知られるマッシィの主著．4は日本工業の地域的再編成の最近の状況を，5は企業組織論の新しい理論をわかりやすく紹介している．

第8章 グローバリゼーション
——多国籍企業の立地論

鈴木洋太郎

多国籍企業の立地行動の拡大

　現代の有力企業の多くは，外国籍をもつ現地法人の設立を通じて海外事業活動を行っており，**多国籍企業**と呼ばれる[1]．多国籍企業は，経済現象が地球的規模で行われる「グローバリゼーション[2]」の主要な推進者であるが，多国籍企業が開発や生産，販売・マーケティングなどの事業活動を世界の「どこで」行うのかによって，つまり多国籍企業の立地行動によって，世界経済の動向は大きく左右される[3]．

　多国籍企業の立地行動が拡大するにつれて，各国・各地域の立地場所としての経済社会環境（すなわち**立地環境**）は世界的なレベルで厳しく比較検討され，立地環境上の優位性のある国・地域の産業発展が加速する一方で，立地環境の劣った国・地域は産業発展が困難な状況に直面する．グローバリゼーションが進む中で，国や地域の持続的発展にとって自らの立地環境を向上させていくことがますます重要になってきているが，効果的な立地環境整備を行うためには，多国籍企業の立地行動のパターンを十分に理解することが不可欠である．

　多国籍企業の立地行動についての研究は，近年，立地論における重要なテーマの1つになってきた[4]．本章では，多国籍企業の立地行動研究（多国籍企業の立地論）について，日本を母国とする多国籍企業（日本多国籍企業）の立地行動にもふれながら，基本的な考え方を説明する．

ヴァーノンの多国籍企業論

　立地論の観点から多国籍企業の立地行動を初めて本格的に分析したのは，レイモンド・ヴァーノン（Vernon, R.）である．ヴァーノンは当初，ウェーバーの立地論を継承したフーヴァー（Hoover, E. M.）と共同でニューヨーク大都市圏の産業立地を研究していた[5]（Hoover, E. M. and Vernon, R., 1959; Vernon, R.,

1960).ヴァーノンは，ニューヨーク大都市圏を核心部，内環部，外環部の3つの地帯に分けるとともに，どのような立地要因がとくに重要であるかによって，生産活動を労働指向型，輸送指向型，外部経済型などに分類しながら分析を行った．ヴァーノンによると，ニューヨーク大都市圏では，外部経済型の生産活動，とくに，関連する企業群との対面接触が不可欠な「コミュニケーション指向型」の生産活動が，産業集積が進んだ核心部に立地し続ける一方，労働指向型や輸送指向型の生産活動は低開発の周辺地域（内環部や外環部）へと移っていく．また，コミュニケーション指向型の生産活動においても，労働指向的・輸送指向的な部分はしだいに周辺地域へと移転していくことになる．

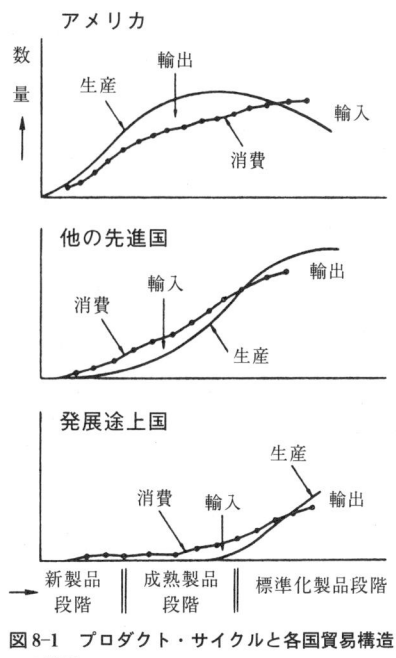

図8-1 プロダクト・サイクルと各国貿易構造の変化
出典：Vernon, R. (1966), p. 199 をもとに鈴木作成．鈴木洋太郎 (1994), p. 43

ヴァーノンは，以上のようなニューヨーク大都市圏の産業立地研究の成果を利用しながら，「**プロダクト・サイクル論**」として知られるアメリカ多国籍企業の立地行動研究を進めていった（Vernon, 1966)[6]．プロダクト・サイクルとは，製品（プロダクト）が新製品の段階から成熟製品の段階へ，さらには標準化製品の段階へと移り変わっていくことである．

ヴァーノンによると，新製品段階の生産活動は外部経済やコミュニケーションの面で有利なアメリカ本国に立地するが，成熟製品や標準化製品の段階になると生産活動は他の先進国や発展途上国といった海外地域へ移転していくことになる．成熟製品段階になると，現地政府の保護貿易措置や現地ライバル企業の台頭などにより，他の先進国の市場確保のために現地生産が有利とみなされ，アメリカ企業の他の先進国への立地行動が生じる．また，標準化製品段階になると，生産活動が労働指向的な性質になるため，低賃金労働力を求めた発展途上国への立地行動が積極的になされるのである．このようなアメリカ多国籍企業の立地行動の結

表 8-1　日本の対外直接投資（製造投資）の地域的割合の推移（％）

	1975 年度まで	1984 年度まで	1998 年度まで
全世界	100	100	100
アジア	38	32	29
北米	16	29	43
欧州	5	8	15
中南米	30	19	7
大洋州	6	5	3
中近東	3	6	2
アフリカ	1	1	0.3

注：日本の対外直接投資（製造投資）について，各年度までの累計額の地域別割合（％）を示している．北米はアメリカとカナダの合計．
出典：大蔵省財政金融研究所編『財政金融統計月報』各版より鈴木作成．

果，図 8-1 に示されるように，アメリカ・他の先進国・発展途上国間の貿易構造も変化していく[7]．

日本多国籍企業の立地行動

多国籍企業が生産活動をグローバルに展開する場合，主として，対外直接投資を通じて海外生産拠点を配置することになる．以下では，対外直接投資（製造投資）のデータを使って，日本多国籍企業の立地行動の特徴をみてみよう（表 8-1）．

日本の対外直接投資の 1998 年度までの累計額（28 兆 1,771 億円）を投資先地域別にみると，北米向けの割合が全体の 43％，アジア向けが 29％，欧州向けが 15％となっており，北米・アジア・欧州の上位 3 地域で全体の 9 割近くを占める．1980 年代後半以降の円高期に日本の対外直接投資は急拡大したが，地理的には主として北米・アジア・欧州へと向かっていった．

日本の対外直接投資において，1970 年代前半までは，北米や欧州などの先進国向けの投資は限られたものであり，発展途上国向け，とくにアジアと中南米への投資が大半を占めていた．1975 年度までの直接投資累計額における地域別割合は，アジアが 38％，中南米が 30％と両者で 7 割近くを占めていた．一方，北米と欧州の割合はそれぞれ 16％，5％にすぎなかった．この時期には日本に比べて欧米諸国の労働費用は高く，欧米諸国に生産拠点を設けることは生産コスト面で有利ではなかったと推測される．また，当時，発展途上国政府により**輸入代替型**工業化政策が実施されたことが，発展途上国向けの直接投資を促進したと考えられる．

1984 年度までの直接投資累計額の地域別割合では，アジアが 32％，北米が 29％，中南米が 19％，欧州が 8％などとなっており，1980 年代後半からの急拡大が行われる以前にすでに北米向けの割合が大幅に上昇したことがわかる．その

理由としては，**日米貿易摩擦**の深刻化に伴って，日本からアメリカへのテレビや自動車などの輸出が制限されたため，アメリカ市場の確保を目的とした現地生産が行われたことが指摘できる．欧州向けの直接投資は北米向けに比べると遅れたが，1993 年 1 月からの欧州諸国の市場統合（共同市場の形成）をにらんで 1980 年代の末に急速に増加した．

日本多国籍企業の立地行動の場合，プロダクト・サイクル論の説明とは異なり，発展途上国（アジアなど）への立地行動が他の先進国（欧米）への立地行動よりも時期的に先に生じた．また，1980 年代後半以降は，アジアと欧米といった発展途上国向けと先進国向けの両面で立地行動が急激に拡大した．これらのことは，日本多国籍企業の立地行動の特徴といえよう[8]．

グローバルな立地環境について

グローバルなレベルで各国の立地環境を見渡すと，いくつかの特徴が考えられる．先進国と発展途上国に分類されるように，世界中には産業発展の度合いが大幅に異なる国々が存在するが，こうした産業発展もしくは産業集積の度合いの相違はそれぞれの立地環境の性質に反映される．多国籍企業は，資本・技術集約的な生産活動（新製品や基幹部品の生産など）を産業集積地である先進国に，労働集約的な生産活動（標準化製品や非基幹部品の生産など）を低開発地域である発展途上国にそれぞれ配置することにより，集積の利益（とくに外部経済）の獲得と労働費用等の削減の両面で生産コスト上の優位性を追求する．

ただし，プロダクト・サイクルなどを反映して生産活動の性質は絶えず変化する．また，**アジア NIEs**（新興工業経済地域）などが発展途上国から先進国へとキャッチアップしつつあるように，立地場所の性質も変化する．こうした中で，生産費用上の優位性を求めた多国籍企業の立地行動がダイナミックに進んでいく．1980 年代後半からの日本多国籍企業のアジアへの立地行動の拡大は，標準化製品や非基幹部品の生産などをアジア諸国・諸地域に積極的に配置する目的で行われたが，より低開発地域を求めて立地行動における重点地域がアジア NIEs から東南アジア諸国連合（アセアン）や中国へと移っていった．

また，グローバルなレベルでの立地環境として，マーケット（市場）の空間的な広がりと多様性がある．多国籍企業は，自国市場だけでなく世界各国の市場をターゲットにして生産拠点の配置を考えるが，所得水準や生活様式などの違いを

表 8-2 日本多国籍企業の主な立地行動 (鈴木作成)

年代	グローバルな立地環境	日本多国籍企業の立地行動
1960 年代頃	発展途上国政府の輸入代替型工業化政策により,日本から当該国への輸出が制限される	現地市場確保のために,発展途上国(とくにアジア,中南米)に生産拠点を配置
1970 年代後半から 80 年代前半	先進国(とくにアメリカ)との貿易摩擦の激化により,日本から当該国への輸出が制限される	現地市場確保のために,先進国(とくにアメリカ)に生産拠点を配置
1980 年代後半から 90 年代	円高の進展により,生産コスト面でも海外生産が国内生産よりも有利なケースが増加 海外市場の開拓がグローバルな企業経営にとっていっそう重要になってきた	低コスト労働力を求めて,アジア(とくにアセアンや中国)に生産拠点を配置 北米,欧州,アジアの3大市場に合わせて生産拠点を配置

注:1960年代頃には,現地資源の確保・開拓のための発展途上国への立地展開も目立った.また,1990年代後半はアジア通貨危機などにより日本多国籍企業の立地行動はやや停滞した.

反映して世界各国の市場の性質は異なっている.世界の主要な市場エリアごとに生産拠点を配置することで,それぞれの市場の性質の違い(消費者ニーズの相違など)に対応し,それを通じて市場シェアの拡大を追求することも,多国籍企業の立地行動の1つの側面である[9].日本多国籍企業の立地行動,とくに欧米諸国への立地行動を理解する上で市場シェアの拡大の視点は欠かせない.

さらにいえば,各国政府の保護貿易措置や投資優遇措置,あるいは為替政策などが多国籍企業の立地行動のきっかけになるように,グローバルなレベルでの立地環境には政治的・政策的な側面が強く作用している.このことは,かつて,発展途上国政府の輸入代替型工業化政策が日本企業のアジアや中南米への立地行動を促進したり,日米貿易摩擦を契機としたアメリカ政府の保護貿易主義的な政策が日本企業のアメリカへの立地行動を促進したことからもわかる.

多国籍企業の立地行動のパターンを十分に理解するためには,個別企業の様々な国際的な経営戦略についても検討する必要があるが,以上のような企業の経営戦略の背景となっているグローバルな立地環境を把握することが重要であると考えられる(表8-2).

今後の発展可能性

立地論には100年以上の長い歴史があるものの,多国籍企業の立地論は比較的若く,未熟な分野である.

多国籍企業の立地論は,大きく2つの方向で発展する可能性がある.第1に,

グローバル・マーケティングや**グローバル・ロジスティクス**（戦略的物流）などグローバル経営に関する分野での発展である．グローバリゼーションの中で，世界の産業地図を念頭に置いた企業経営が求められており，多国籍企業の立地論はグローバル経営戦略を考察するのに役立つ．

第2に，外資導入を通じた産業発展や産業空洞化問題などグローバル経済に関する分野での発展である．グローバリゼーションは各国・各地域の産業活動と経済社会に様々な影響を与えるが，こうした影響を考察する上で多国籍企業の立地論は重要な役割をもつ．

ただし，多国籍企業の立地論が以上のような学問的な発展を実現するには，世界の諸国・諸地域における多国籍企業の立地行動を具体的に調査・検討しながら，多国籍企業の立地行動とグローバルな立地環境との関連を論理的に体系化する必要がある．

注

1) 海外事業活動を行う企業は，多国籍企業以外に，国際企業やグローバル企業，トランスナショナル企業（超国籍企業）などと呼ばれることがある．海外事業活動を行う企業の特徴を整理・分類するために，こうした複数の名称が使い分けられる場合もあるが，本章では海外事業活動を行う企業一般を多国籍企業と呼んでいる．

2) 言葉の定義を含めて，グローバリゼーションに関する経済地理学からのアプローチは，非常に多岐にわたる．英米圏での代表的なテキストでは，生産のグローバル化や多国籍企業の立地，国際金融や国際労働移動，貿易や地域経済統合などが，主たる研究対象として取り上げられている．研究視角も多様化してきており，経済的な側面だけではなく，制度や文化，政治的側面に注目した研究も増えてきている（Bryson, J. *et. al*.eds., 1999；Clark, G. L. *et. al* eds., 2000; Sheppard, E. and Barnes, T. J. eds. 2000 など）．

3) 世界経済をどのような観点から捉えるかについては，様々な見解が提示されている．国民国家の領域を基本的な分析単位とする見解として代表的なものは，比較生産費説で知られるリカード（Ricardo, D., 1819）の古典的国際分業論，制度諸形態に注目して調整様式・蓄積体制から各国の発展モデルを捉えようとするレギュラシオン理論（Lipietz, 1985など）があげられる．これに対し，多国籍企業の立地点である都市や地域を直接取り上げようとするものに，フレーベル（Fröbel, F.*et. al*., 1977）らによる新国際分業論，また資本主義世界経済を基本的な分析単位とするものに，ウォラシュティン（Wallerstein, I., 1979）による世界システム論がある．

4) 多国籍企業の既存の理論は，対外直接投資決定の動機や多国籍企業の存在理由の説明，

産業や企業組織面での優位性の議論を中心に展開されてきた．代表的な論者としては，以下で紹介するヴァーノンのほか，ハイマーやヘライナー，ラグマンをあげることができる．

ハイマーは，対外直接投資の流れを，優位性をもとに市場シェアを拡大しようとする寡占企業の海外進出に対応したものであると論じるとともに，対外直接投資のアメリカからヨーロッパ，ヨーロッパからアメリカへという相互浸透現象を論じた（Hymer, S., 1972）．

ヘライナーは，発展途上国の工業製品輸出の増大が先進国の寡占企業の進出と結びついていることに注目し，労働集約的な生産工程が企業内国際分業の見地から発展途上国に配置されていると論じた（Helleiner, G. K., 1981）．

一方，「内部化の理論」で知られるラグマンは，多国籍企業の組織とその内部市場に焦点を合わせ，市場の不完全性（自由貿易障壁や知識の消散リスク）への対応＝企業の内部市場の活用こそが，多国籍企業の存在理由であることを論じた（Rugman, A., 1981）．

これらに対し，1990年代になると，多国籍企業研究においても，立地や地域の重要性が指摘されるようになる（Dunning, J. H., 1998; 2000）．

5) 詳しくは，鈴木洋太郎・中川万喜子・桜井靖久（1999）を参照のこと．
6) ヴァーノンがプロダクト・サイクル論を提起した1960年代半ばにおいてはアメリカの経済力は圧倒的であり，そのため，世界最大の産業集積地であったアメリカを中心に論が立てられている．したがって，プロダクト・サイクル論は，現代の多国籍企業の立地行動分析にそのまま適用することはできないが，いろいろな面で参考になると考えられる．
7) 赤松 要の「雁行形態論」も産業のライフサイクルに伴う貿易構造の変化を論じているが，「雁行形態論」の場合は後発国の立場から産業発展の特徴を分析しており，各国の経済発展と産業構造転換を論理づけることに力点がある（赤松 要, 1956）．
8) 日本多国籍企業の立地行動の特徴については，池本 清ほか（1981）；小島 清（1985）；洞口治夫（1992）などを参照．なお，洞口の著書では，日本多国籍企業の撤退についても分析されている．
9) 現地市場への対応のために，製品の開発設計部門の海外展開が進んでいる．こうした現地化の議論は，市場への対応だけではなく，自動車生産におけるJITシステムなど，日本的経営・生産システムの移転を中心に，盛んに論じられてきている（安保哲夫ほか，1991; 1994など）．

[演習問題]

1　多国籍企業が進出先としてどの国を選ぶか，あるいはまた国内のどのような地域を選ぶか，こうした多国籍企業の立地選択には，いかなる要素が関係してくるだろうか，産業の特徴や母国の違い，受入国政府の政策など，いろいろな観点から考えてみよう．

2　新聞記事から日本企業の海外進出の事例を探し出し，進出の理由や国内の地域経済への影響についてまとめてみよう．

[入門文献]

1 鈴木洋太郎 (1994)『多国籍企業の立地と世界経済』大明堂.
2 鈴木洋太郎 (1999)『産業立地のグローバル化』大明堂.
3 Dicken, P. (1992) *Global Shift: The Internationalization of Economic Activity. Second Ed.* New York: The Guilford Press.［ディッケン, P. 著, 宮町良広監訳 (2001)『グローバル・シフト (上・下)』古今書院］
4 Vernon, R. (1966) International Investment and International Trade in the Product Cycle, *Quarterly Journal of Economics,* May, 1966.
5 吉原英樹 (1997)『国際経営』有斐閣.

1と2は, 多国籍企業の立地の理論と日本企業のグローバル立地についての解説書. 3は, 海外で定評のある経済地理学の専門書. 4は, ヴァーノンのプロダクトサイクル理論についての原典. 5は, 国際経営の観点から日本企業の海外進出をわかりやすく解説した書.

第9章　ローカリゼーション
——集積論の新しい潮流

藤川昇悟

地理の終焉？

　輸送技術や情報技術の発達と国内市場の開放によって，ヒト・モノ・情報の移動に必要な費用は劇的に低下し，経済活動における地理的な差異の重要性もなくなりつつあるかのようである．実際，多国籍企業は，工場や研究所の海外展開を進めると同時に，財・サービスのグローバルな調達や国境を越えた戦略的提携を行っている．

　このような現象を受けて，いまや企業は地理的な制約から解放されており，「地理は問題ではない」との議論が散見されるようになった（O'Brien, R., 1992など）．ところが，いまだ企業は互いに近接して**地域的集積**を形成している．さらに，その中で新しい技術は育まれ，実を結び，市場へと送り出されている．グローバル化の原動力である情報技術が，アメリカ・カリフォルニア州のシリコンバレーやボストン近郊のルート128，台湾の新竹，インドのバンガロールなどの地域的集積において産声をあげているのは象徴的である．つまり，財・サービスの地理的な可動性の上昇にも関わらず，地域的集積の存続・強化が進行しているというパラドクスが存在しているのである．

　近年，経済地理学だけでなく，応用ミクロ経済学，経営組織論，中小企業論，さらには進化経済学[1]の研究者が，盛んに地域的集積にアプローチしている背景には，このパラドクスの存在がある．各分野の研究者たちはパラドクスを解き明かす鍵を異なった角度から探求しているが，「企業の競争力」に着目するという共通点をもっている．地域的集積の中に立地する企業は，そうでない企業に比べて，不確実性に満ちた市場にうまく適応でき，また市場の変化それ自体を引き起こす**イノベーション**の創造能力に長けているため，高い競争力をもっている，とされている．では，なぜ地域的集積への立地は，市場の変化への適応能力やイノベーションの創造能力を高めるのであろうか．

本章では，経済地理学の集積論に限定して近年の議論を紹介し，立地論的な視点から，この問題を検討する．以下では，はじめに不確実な市場への適応に焦点をあてた研究（新産業空間論）を，次にイノベーションの創造に焦点をあてた研究（ミリュー・アプローチ）を紹介し，最後に，ヒト・モノ・情報の輸送費用の節約という視点から2つの研究を整理する．この作業を通して，現代的な地域的集積の主要因には，対面接触による情報の入手費用，つまり「ヒトの輸送費用」の節約[2]があることを明らかにするのが本章の目的である．なお，地域的集積とは「経済活動の空間的な密度が相対的に高い場所」である．

地域的集積とフレキシビリティ

企業は，常に不確実性に満ちた市場に直面している．この気まぐれな市場への適応は，企業にとって最も重要な課題の1つである．第2次大戦後の「黄金時代」，市場は比較的安定しており，大企業による画一的な製品の大量生産を特徴とする発展の回路が機能していた．しかし，1970年代を迎えると，先進諸国では需要の飽和や消費嗜好の多様化によって市場が不安定となり，大量生産体制は行き詰まりを見せ始めた．ピオリとセーブルによれば，このような不確実性の時代には，大量生産体制ではなく，中小企業群による「**フレキシブルな専門化**」が卓越する可能性をもっている (Piore, M. J. and Sabel, C. F., 1984, 図9-1)．フレキシブルな専門化とは，特定の工程に特化した中小企業群が，その時々の状況にあわせて離合集散を繰り返すことで，多様な製品を生産すると同時に，全体として市場の変化に柔軟に対応する生産体制のことである．この離合集散（取引相手の変更）を可能とする条件の1つが地域的集積であり，先進的な事例としてイタリア中北部の中小企業の集積地であるサードイタリーがあげられている．

このピオリとセーブルの考察を，経済地理学の視点から再構成しているのが，スコット (Scott, A. J., 1988a) の「**新産業空間論**」である[3]．スコットは，1970年代から顕在化しはじめた地域的集積を，フレキシブルな専門化を特徴とする「新産業空間」と位置づけ，従来の工業立地論に**取引費用**概念を導入することで，その形成の論理を提示している．

フレキシブルな専門化では，大量生産体制とは異なり，ある財の完成までに，相対的に多くの中小企業が中間財の市場取引を通して関係している．また，この企業間の取引関係は固定的ではなく，完成財の需要の変動に応じて随時変更され

クラフト的生産 [Flexibility]

(1) 生産形態：中小企業による多品種少量生産
(2) 生産手段：汎用機械
(3) 労　　働：熟練労働者
(4) 産　　業：建設，衣服，金属加工など

第1の産業分水嶺
[産業革命]

大 量 生 産 [Productivity]

(1) 生産形態：大企業による少品種大量生産
(2) 生産手段：専用機械
(3) 労　　働：不熟練労働者
(4) 産　　業：鉄鋼，石油化学，電機，自動車など

（大量生産の危機）

第2の産業分水嶺
[ME革命]

フレキシブルな専門化 [Flexibility＋Productivity]

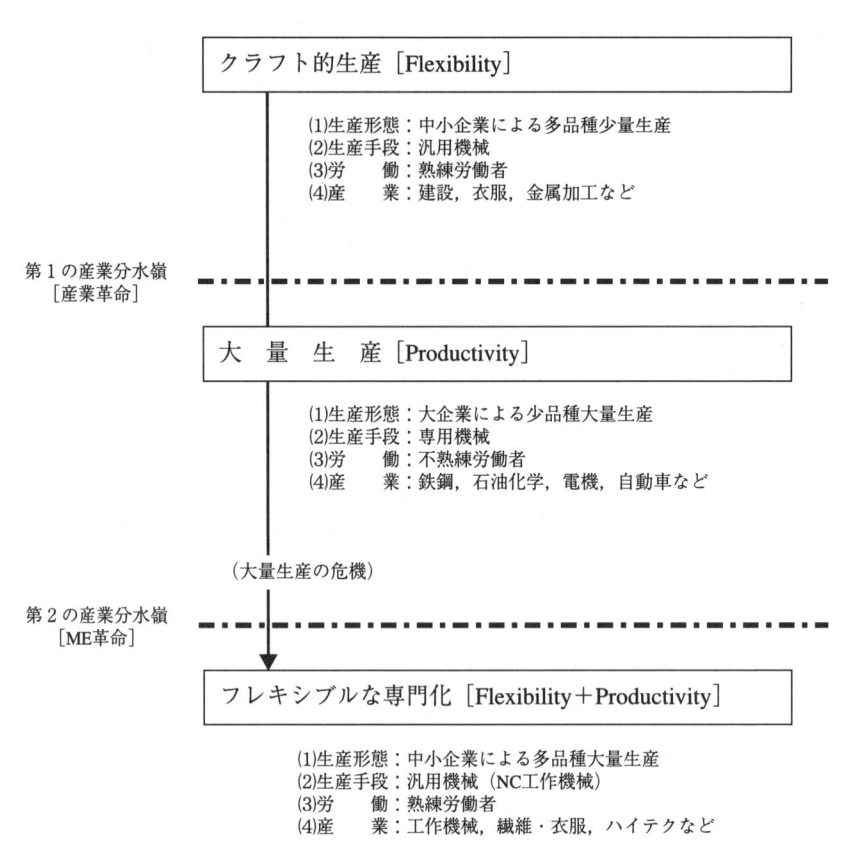

(1) 生産形態：中小企業による多品種大量生産
(2) 生産手段：汎用機械（NC工作機械）
(3) 労　　働：熟練労働者
(4) 産　　業：工作機械，繊維・衣服，ハイテクなど

図9-1　第2の産業分水嶺と産業体制の諸特徴
出典：九州大学・矢田俊文ゼミナールにおける議論をもとに藤川作成

ているのである．それゆえ，ある財の生産の上流から下流まで，少数の大企業が担っている大量生産体制と比較して，企業間で取引を行う際に必要となる「**リンケージ費用**」は大きくなる．リンケージ費用とは，工業立地論の鍵概念である財・サービスの輸送費用に，取引相手の探索・交渉・監視にかかる費用，すなわち取引費用を追加したものである．スコットは，この取引費用も輸送費用と同じく，企業間の距離に比例して増加すると想定して論理を展開している．多くの場合，取引相手の探索，取引条件の交渉，契約の締結，そして取引相手の監視にはヒトとヒトの**対面接触**が必要とされる．不確実性の高い環境下では，取引の内容は複雑となり，その頻繁な変更も要求されるため，対面接触の重要性はさらに増加する．このように取引の運営には，ヒトの地理的な移動を必然的に伴う対面接

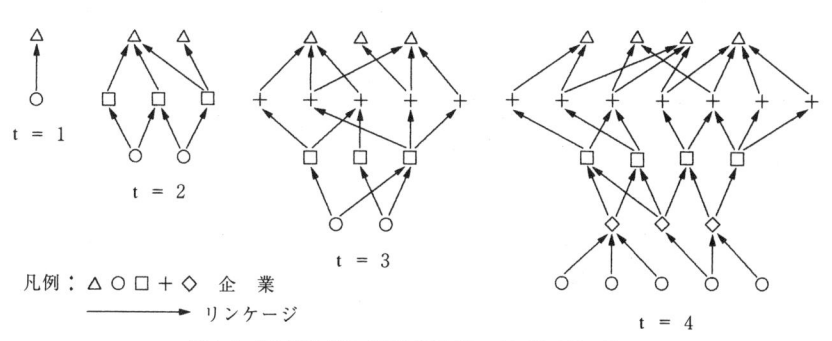

第9章 ローカリゼーション—集積論の新しい潮流（藤川） 89

図9-2 地域的集積における垂直的・水平的分離の進展
注：t＝1〜4は，時間の経過を表している．
出典：Scott (1988a), p.28 を一部省略

　触が必要とされるのである．それゆえ，取引費用，さらにはリンケージ費用（＝輸送費用＋取引費用）を「距離の関数」と想定することは，一定の妥当性をもっている．フレキシブルな専門化においては，個々の企業がこのリンケージ費用の節約を指向する結果，中間財の市場取引で結ばれた中小企業群を構成要素とする地域的集積が形成されるのである．

　さらに，スコットは，地域的集積のもつダイナミズムにも焦点をあてている（図9-2）．地域的集積の形成と成長が経験されるとき，地理的に一定の需要がまとまり局地的な市場が拡大するため，企業は自ら生産していた中間財や中間サービスを外部のサプライヤーから調達する傾向にある（**垂直的分離**）[4]．同時に，同じ財・サービスを供給する競争企業の参入やスピン・アウトが生じる傾向にもある（**水平的分離**）．この結果，集積内における市場取引が増加するため，諸企業はリンケージ費用のさらなる節約を指向し，集積は累積的な成長を続けることになる．このようなメカニズムのもと，大量生産体制の危機以降，成長を続けている地域的集積が新産業空間であり，具体的には，アメリカのハリウッド，ルート128，そしてシリコンバレー，イギリス・ロンドンの南西方向の高速道路4号線沿いのM4コリドール，サードイタリーなど，欧米の11地域があげられている（表9-1）．

　サードイタリーのプラートは，新産業空間論の典型事例の1つである[5]．プラートは，イタリア中部にある「花の都」フィレンツェの北西17kmに位置するヨーロッパ最大の繊維産地である．1993年には，約45,000人の就業者と，約9,000社の中小企業が集積しており，市場の変化に対してフレキシブルな生産体

表9-1 推進力産業と新産業空間

推進力部門	典型的特徴	事例
クラフト事業 a) 労働集約的クラフト工業（衣服，家具など）	「搾取工場」労働・移民の利用・下請・外注	ニューヨーク ロサンゼルス パリ
b) デザイン集約クラフト工業（宝石など）	高品質製品 極端な社会的分業 （階級対立緩和の事例も）	ジュラ（スイス） 南ドイツ エミリナ・ロマーナ（イタリア） 中部ポルトガル ユトランド（デンマーク）
ハイテク産業	階層的地域労働市場 （熟練した経営幹部と未組織で可塑性のある末端労働力）	ルート128（ボストン） オレンジ郡（カリフォルニア） シリコンバレー（カリフォルニア） M4コリドール（イギリス） サイエンスシティ（フランス） オースチン（テキサス） ボルダー（コロラド） ケンブリッジ（イギリス） グルノーブル（フランス） モンペリエ（フランス） ソフィア・アンティポリス（フランス）
対事業所サービス	ホワイトカラー労働依存 低賃金女子労働の利用 集積傾向	ロンドン ニューヨーク 東京

出典：Scott, A. J. (1988) *New Industrial Spaces*, Pion; Storper, M. & Walker, R. (1989) *The Capitalist Imperative*, Basil Blackwellなどをもとにまとめた Tickell, A. & Peck, J. A. (1992) Accumulation, Regulation and the Geographies of Post-Fordism, *Progress in Human Geography* 16-2, p. 199.

制を構築している（岡本義行，1997）．しかし，このような生産体制の歴史は新しく，戦前，プラートでは大企業を中心とした大量生産が行われていた．ところが，1950年代の東欧や日本との価格競争での敗北をきっかけに，過剰となった生産能力を削減するため，大企業は従業員を解雇し，彼らをサプライヤーとして創業させた．その結果，大企業は解体され，現在の多数の中小企業が支配的な地域的集積が形成されたのである．この中小企業群をまとめているのは，「インパナトーレ」と呼ばれている起業家である．現在，約200人存在するといわれているインパナトーレは，展示会や見本市で注文を取りつけ，適宜，生産に必要な諸企業を組織化しながら，服地の生産を行っている．こうして，プラートの中小企業群は，インパナトーレを中心として，シーズン毎に変化する市場のニーズに素

早く適応することで，国際的な競争力を維持しているのである．

地域的集積とイノベーション

　新産業空間論が地域的集積と生産におけるフレキシビリティに焦点をあてていたのに対して，「**ミリュー（Milieu）・アプローチ**」は，社会的な側面から地域的集積とイノベーションの関係を論じている[6]．

　イノベーションとは，新しい製品や生産方法の開発，新しい市場の開拓，または新しい組織構造の構築であり，企業にとって，激しい生存競争を生き抜くための手段である（Schumpeter, J. A. 1926, 訳書 1977）．ミリュー・アプローチは，このイノベーションを新しい情報の創造として把握する．そして，いまやイノベーションは発明家や大企業の R&D 部門の単独ではなく，企業間または企業―大学間の協働によって創造されているため，イノベーション活動には「ミリュー」が重要となる，と指摘している．多くの論者が独自にミリューを定義しているが，共通項を抜き出すならば，ミリューとは，従来の地域的集積に，文化（制度，法律，習慣，言語などを含む生活様式）の側面を付加した概念である．つまり，ミリューとは，同一の文化によって確定される領域の中で，経済活動の空間的な密度が相対的に高い場所である．諸企業は同じミリューに立地することで相互にイノベーションの創造能力を向上させ，反対に，ミリューは企業の進出や創業によって再生産されているのである．

　では，なぜ企業のイノベーションの創造能力は，ミリューに立地することで向上するのであろうか．ミリュー・アプローチは，情報を交換しあう諸主体の地理的および社会的な近接性が，個別主体の情報の入手可能性を高めるため，という答えを用意している．

　地理的近接性は，次の2つの側面から情報の入手可能性を高めている．1つは，情報の質の側面であり，主として共同開発における問題である．情報の中には，他者への伝達が困難な種類のものが存在する．野中郁次郎・竹内弘高の著書によると，複数の主体の協働によって，この種の情報（**暗黙知**）を伝達の容易な情報（**形式知**）に転換することが，新しい情報（知識）の創造であり，イノベーション活動の中核である（野中郁次郎・竹内弘高，1996）．しかし，そもそも伝達の困難な情報は，言語表現（例えば，言葉，図表，数式）によって複数の主体の間で共有することの難しい，主観的な認識やノウハウなどの個人に体化された情報

である．よって，この種の情報の伝達は，情報をもっている個人の移動，もしくはその個人への移動によって，互いに文脈や経験を共有することではじめて達成される．つまり，対面接触によるコミュニケーションを必要とするのである．それゆえ，諸主体が地理的に近接しているとき，伝達の困難な情報の伝達は容易となる．

　もう1つは，情報の経路の側面であり，主としてイノベーション活動に必要な諸資源に関する情報の収集における問題である．情報のやり取りは，何も共同開発や財・サービスの取引を行っている企業間に限定されているわけではない．イノベーション活動に必要なアイデアや資金の調達先に関する情報は，市場関係にないヒトとヒトの接触においても交換されている．また，入手した情報の真偽を確かめるには，同時に情報の提供者や情報それ自体に関する情報（**メタ情報**）を保有していることが必要となる．よって，リンケージを介さない情報の経路は，日常的な生活やビジネスの活動領域を共有している主体間において最もよく発達するのである．

　さらに，同じミリューに立地する諸企業は，その定義から地理的に近接していると同時に社会的にも近接している．**社会的近接性**は，情報をやり取りする主体間における言語，思考方法，価値観などの共有を意味する．情報は社会的文脈から必ずしも自由ではないため，このいわば**コミュニケーション様式**の共有は，諸主体間の情報交換をさらに円滑なものにするといえよう．

　以上を要約すると，ミリューは，①伝達の困難な情報の交換を容易にし，②個人的な関係という情報経路を発達させ，さらに，③共通のコミュニケーション様式によって情報交換を円滑にすることで，個別主体の情報の入手可能性を高めているのである．それゆえ，ミリューに立地する企業は，相対的に高いイノベーションの創造能力を獲得することになるのである．以下では，このことをシリコンバレーにおける起業活動の事例を紹介することで，具体的にみていくことにしよう．

　1970年代はじめまで，アメリカ西海岸のサンフランシスコ国際空港からサンノゼまでの約50kmの道のりを結ぶ2つのハイウェイの周辺は，あたり一面が果樹園の農業地帯であった．しかし，いまやこの一帯は，シリコンバレーと呼ばれる情報関連産業の世界的な中心地となっている[7]．現在，シリコンバレーには，スタンフォード大学を中心にアメリカの約3分の1におよぶハイテク企業とベン

チャーキャピタル（VC）が立地しており，アメリカのVCファンドの約30～40％が投資されているといわれている．

　このシリコンバレーの成長は，イノベーションの創造の主たる担い手である**ベンチャー企業**が繰り返す誕生と淘汰のプロセスによって達成されている．起業活動が活発である原因は複数あると思われるが，なかでも重要なのは，日常的かつ偶発的な対面接触による情報交換が頻繁に行われていることであろう．ベンチャー企業を創業するのは，たいていシリコンバレーの企業で働いた経験のある技術者たちである．彼らは，業界団体の会合，展示会，趣味のクラブ，行きつけのカフェなどで，個人的な関係（**インフォーマル・ネットワーク**）を形成し，最新の市場や技術についての情報を交換しあっている．「シリコンバレーの中華レストランに行けば世界最先端の情報がすぐに手に入る」（日本経済新聞社，1996, p. 33）という台湾系企業の会長の話は，私たちにシリコンバレーにおける局地的な情報循環の豊富さを教えてくれる．

　こうして，潜在的な起業家たちは，取引の上での関係を越えた個人的な関係の中から，起業のアイデア，優秀な人材やサプライヤー，そして最も重要なVCや**エンジェル**（個人投資家）などに関する情報を収集している．それゆえ，シリコンバレーでは，他の地域的集積と比較して，起業活動に必要となる諸資源を容易かつ迅速に調達できるのである．このことは非常に重要である．潜在的な起業家がもくろむイノベーションは，他企業に先を越されては単なる模倣にすぎず，それによって得られる創業者利潤も少なくならざるを得ない．さらに，市場占有率の格差が財・サービスの競争力の格差を生む「ネットワークの経済」が強く作用する情報関連産業においては，模倣でさえ成功しない可能性がある[8]．よって，地域的集積が与えてくれる速い起業スピードは，シリコンバレーの起業家たちのイノベーションの創造能力を向上させているといえよう．

地域的集積と対面接触

　新産業空間論は，頻繁な対面接触によるコミュニケーションを通して，財・サービスを取引する諸企業が不確実性の大きな市場の動きに柔軟に適応していることを，他方，ミリュー・アプローチは，個人的な関係（インフォーマル・ネットワーク）を通した情報の入手が企業のイノベーションの創造プロセスにおいて重要性をもつことを，それぞれ指摘していた．このように，双方ともに情報という

資源の重視という共通点をもっている．しかし，情報を入手する経路については強調点が異なっていた．図9-3のように，前者はリンケージ（実線）を，後者は多様な個人的な関係（点線）を強調している．とりわけ，ミリュー・アプローチによる個人的な関係を通した情報の入手の強調は，リンケージで結ばれた企業間の相互作用に焦点をあててきた従来の工業立地論や新産業空間論に，新たな論点を追加している．この意味において，ミリュー・アプローチは新産業空間論を補完するものといえよう．

ただし留意する必要があるのは，企業は何も地域的集積に立地しなければ，フレキシビリティやイノベーションを実現できないわけではないことである．

■ 企業（完成財）
□ 企業（中間財）
⟷ 情報経路としてのリンケージ
⇠⇢ 情報経路としての個人的な関係

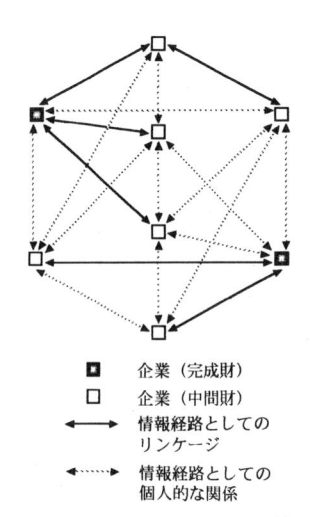

図9-3 地域的集積における情報経路（藤川作成）

つまり，近接立地は対面接触の情報交換に不可欠ではない．たとえ離れた場所に立地していようとも，互いに頻繁に行き来することで，個人的な関係を構築することも，また情報を密に交換することも可能である．しかしながら，そのためには，膨大な，時には禁止的な「ヒトの輸送費用」が必要とされる．ゆえに，「フレキシビリティやイノベーションの達成」という集積の利益を突き詰めて考察するならば，本質的には，それは「情報を体化したヒトの輸送費用の節約」に還元されるのである[9]．

現代的意義と今後の課題

本章で紹介した2つの研究の現代的な意義は，まず第1に，経済活動のグローバル化の時代において，なおも発展を続けている現代的な地域的集積の存在理由を明らかにしていることであろう．そこでは，取引の調整やイノベーションの創造の局面における「ヒトに体化された情報」と，その対面接触による交換の重要性が強調されていた．つまり，大量生産体制の時代と比較して，不確実性の増加と輸送費用の劇的な低下を経験している今日，すでに決定した計画のもとでの財・サービスの輸送ではなく，計画そのものを決定するために必要となるヒトの輸送が問題となるのである．

そして，第1の意義と一部重なってはいるが，第2の意義は，垂直的分離やイ

ノベーションに注目することで，地域的集積のもつダイナミズムに迫っていることである．とりわけ，地理的な条件がイノベーションの創造に影響を与えることへの着目は，理論的かつ政策的にも示唆に富んでいる．経済発展のエンジンであるイノベーションの成否が，地理的な条件に左右されるのであれば，経済活動やその分析において「地理こそが問題である」と宣言されよう．

しかしながら，コンピュータ・ネットワークのさらなる発展と普及は，上の宣言を覆す可能性を秘めている．他の情報交換の方法に対する対面接触の優位性は，言葉，図表，口調，表情，動作など多様な情報の信号を用いて，コミュニケーション—とりわけ，非言語コミュニケーション—を可能とすることであった．それゆえ，伝達の困難な情報を円滑に交換または共有できるのである．また，日常的かつ偶発的な対面接触は，情報経路としての個人的な関係を構築するうえでも不可欠であった．ところが，急激な進歩をみせる情報技術によって多様な情報の信号の伝達が可能となることで，地理的な近接性が対面接触の必要条件から取り除かれ，ビジネスの上で有用な個人的な関係も，コンピュータ・ネットワーク上での接触によって構築されるようになるかもしれない．つまり，現代的な地域的集積の存在理由は霧散し，その解体が進む可能性が残されている[10]．

しかし，このような地域的集積の方向性を占うには，対面接触による情報交換の本質とそのコンピュータ・ネットワークによる代替可能性について，さらなる分析を必要とする．また，集積の利益全体の中に「情報を体化したヒトの輸送費の節約」を位置づけることも求められる．このように，将来的な地域的集積の発展または解体を論じるための課題は山積しているが，本章で紹介した集積論の新しい潮流は，今後の立地論さらには経済地理学の進むべき1つの方向性を示しており，その出発点を提供していることは確かである．

注

1) 進化経済学とは，経済現象の分析に生物進化論の考え方を導入しようとするものである．進化経済学の大きな特徴は，企業の行動原理を，最適な選択肢の採用ではなく，定型的な反応（ルーチンや習慣）と捉え，その企業内における伝達・学習による再生産を重視するところにある（Nelson, R. and Winter, S., 1982；進化経済学会，1998など）．この進化経済学の方法論は，地域的なルーチンや習慣の指摘など，集積の議論にも適用されている．
2) この理解については，矢田俊文（1999）の第4章に依拠している．

3) スコットの新産業空間論とそれ以降の業績については，次の文献を参照のこと (Scott, 1988a, b；友澤和夫，2000)．
4) スコットによる説明は，アダム・スミスの「分業は市場の広さによって制限される」という有名な命題の応用である．また，この現象は，Weber, A. (1909) や Marshall, A. (1890) の指摘した「関連企業・産業の成立」と類似した現象といえる．
5) プラートの記述は，Scott, A. J. (1998a) のほか，次の文献を参照した (Piore, M. J. and Sabel, C. F. 1984；岡本義行，1994，1997)．
6) ミリュー・アプローチについては，次の文献を参考にしている (Camagni, 1991；Maillat, 1995；Malmberg *et al*., 1996；Maskell and Malmberg, 1999)．
7) シリコンバレーの記述は，主に次の文献を参照した (Saxenian, A. 1994；井上一馬，1999；佐々木＝スミス＝峰子，2000)．とりわけ，Saxenian (1994) は，ルート128 との産業組織上の差異から，シリコンバレーにおける情報関連産業の地域的集積の特徴を浮き彫りにしている．
8) 70 年代後半に繰り広げられた「ビデオ戦争」において，初期の VHS の勝利（ベータの敗北）が消費の局面における相互依存性（レンタルビデオ店における品揃えや個人的なテープの貸し借りなど）によって強化されたことは，「ネットワークの経済」が作用した顕著な事例である．
9) 「情報を体化したヒト」という捉え方は，田村大樹 (2000b) に依拠している．田村は，情報の地理的移動の形態を，情報のキャリアとしてのヒトの移動，情報財の移動，そして電子的な情報の移動に区分している (pp. 103-109)．
10) このような論点については，田村大樹 (2000b) が参考になる．

[演習問題]
1 伝統的な産業地区や地場産業の集積地域と比べて，サードイタリーやシリコンバレーなどの新産業空間は，どのような点で新しいといえるのだろうか，考えてみよう．
2 身近な地域で，地域的集積の事例を探し出し，その特徴や問題点をまとめてみよう．

[入門文献]
1 清成忠男・橋本寿朗編 (1997)『日本型産業集積の未来像』日本経済新聞社．
2 伊丹敬之・松島 茂・橘川武郎編 (1998)『産業集積の本質』有斐閣．
3 Scott, A. J. (1988) *Metropolis : From Division of Labor to Urban Form*. Berkeley : Univ. of California Press．[スコット，A. J. 著，水岡不二雄監訳 (1996)『メトロポリス』古今書院]
4 Piore M. J. and Sabel, C. F. (1984) *The Second Industrial Divide*. New York : Basic Books Inc．[ピオリ，M. J.・セーブル，C. F. 著，山之内靖・永易浩一・石田あつみ

訳（1993）『第二の産業分水嶺』筑摩書房］

5 Saxenian, A. (1994) *Regional Advantage*. Cambridge, Massachusetts : Harvard Univ. Press.［サクセニアン，A., 大前研一訳（1995）『現代の二都物語』講談社］

1と2は，地域的集積についての基本的な考え方と日本の事例が紹介されている．3では，新産業空間論をはじめ，ロサンゼルスの地域的集積や地域労働市場についての分析がなされている．4は，フレキシブルな専門化について知る上での重要な書．サードイタリーについての紹介もある．5は，シリコンバレーとルート128とを比較した好書．

第10章　流通革命
——コンビニエンスストアの立地戦略

箸本健二

第2の流通革命

　日本の流通システムを担う小売業や卸売業は，ともに中小零細店の比率が高く，小売業に製品を供給するまでの流通経路が長い点に特徴があるとされてきた．しかし今日，日本の小売業の中核を担う中小零細店は急激な減少傾向を示し，代わってチェーン型小売業（**チェーンストア**）の台頭が著しい（表10-1）．

　業種横断的な品揃えをもつチェーンストアの台頭とともに，取扱い品目に基づく業種分類に代わって，販売方法などオペレーション手法に基づいて店舗分類を行う業態分類が注目されている[1]．ちなみに，1994年に対する1997年の店舗増加率が高い業態をみると，住関連スーパー（68.2%），終日営業のコンビニエンスストア（52.9%），衣料品スーパー（46.3%）などが上位を占めている．これら一連の結果から，日本の小売業の変化を概観すると次のようになる．まず第1に，独立型小規模店舗の数が急速に減少している．第2に，業種型店舗から業態店舗への構造転換が進んでいる．なかでも，チェーンストアを中心とするセルフサービス業態が成長し，これらと取扱い品目が競合する業種店の減少率が高い．そして第3に，セルフサービス業態内部における競争が激化している．例えば，品揃えやワンストップショッピングの優位性は大型スーパー，価格競争であればホームセンターやディスカウントストア，そして長時間営業のメリットはCVSというように，消費者の利便性に直結する業態が成長している．これら一連の変化は，規制緩和や情報化などの外部要因と相まって1980年代後半から急速に進んでおり，量販店の登場に代表される1960年代の「**流通革命**」に次ぐ，「**第2の流通革命**」とも考えられている（上原征彦，1999）．

コンビニエンスストアの業態特性

　こうした商業環境を概観するとき，とりわけコンビニエンスストア（CVS）

第10章　流通革命—コンビニエンスストアの立地戦略（箸本）　99

表10-1　日本の小売業の従業員規模別店舗数推移

従業員数	1994年	1997年	商店数増減	商店数増減率
1～2人	764,771	709,000	−55,771	−7.3%
3～4人	370,942	350,304	−20,638	−5.6%
5～9人	222,548	212,440	−10,108	−4.5%
10～19人	89,618	93,455	3,837	4.3%
20～29人	26,337	27,512	1,175	4.5%
30～49人	15,655	15,801	146	0.9%
50～99人	7,191	7,922	731	10.2%
100人～	2,861	3,251	390	13.6%
計	1,499,923	1,419,685	−80,238	−5.3%

出典：商業統計表（1994年・1997年）による

表10-2　日本のコンビニエンスストアの時系列推移

指標	店舗分類	1991年	1994年	1997年
店舗数（店）	CVS全体	23,837	28,226	36,631
	終日営業店のみ	9,699	13,431	20,535
年間売上額（百万円）	CVS全体	3,125,702	4,011,482	5,223,404
	終日営業店のみ	1,591,944	2,350,559	3,589,314
1店平均の年間売上額（百万円）	CVS全体	131.1	142.1	142.6
	終日営業店のみ	164.1	175.0	174.8

数値は各年次の商業統計表に基づく

はその今日的変化を象徴する存在といえる．24時間営業，**ロードサイド立地**，単身生活者の基地，高度情報化店舗など，CVSを現代商業の旗手になぞらえた言葉は枚挙にいとまがない．日本で高度に発達したCVSは，標準売場面積100 m^2 という狭小な店舗に豊富な品群を配置し，24時間を含む長時間営業を行う小売業態[2]である．日本のCVSは，チェーン展開を始めた1970年代の初頭から急速に成長し，バブル景気が崩壊した1990年代以降も着実に店舗数を伸ばしている（表10-2）．

こうしたCVSの急成長は，消費者の嗜好や**ライフスタイル**の変化だけでなく，**大店法**[3]に代表される1970–80年代の商業調整の影響によるところが大きい．チェーンストアの進出を売場面積で規制しようとした大店法に対して，各チェーンは規制面積をはるかに下回るCVS業態を開発し，地域市場への進出を図ろうとしたからである[4]．また，出店に際して各チェーンが**フランチャイズ制**を採用し

たこともCVSの成長を加速させた．店舗の土地・建物を所有者（オーナー）が提供するフランチャイズ制は，地価が高い都市部に店舗を配置する上で大変有利に作用するからである．

しかし，表10-1が示すように，店舗数が増加している一方で1店平均の売上額は横這いか漸減傾向を示しており，CVS市場は飽和状態に近づきつつある．その結果，チェーン間競争に代表される業態内競争が熾烈さを増している．本章では，こうした競争環境下におけるCVSの立地戦略を，空間モデルの視点から検討していく．

クリスタラーの「供給原理」とCVSの成立条件

商業立地を演繹的に説明した理論として，クリスタラーの「供給原理」（第3章参照）をあげることができる．クリスタラーは，財の階次に規定された正六角形状市場地域の成立を議論するにあたり，まず**財の到達範囲**における「上限」と「下限」を定義している．奥野隆史（1999）によれば，到達範囲の上限とは，「中心地から周辺への距離の増大にともなって，消費者の負担すべき実質価格が増加し，消費者の支払い能力を超える程度にまで上昇したときの中心地からの距離」のことである．また下限とは，「供給者の経営が成立する最小限の収入を入手できるだけの需要量がある領域」を意味している．これを平易に解釈すれば，商業施設を中心として，これ以上遠くから消費者は来店しないという限界距離が上限であり，商業施設を維持する上で最低限必要な消費者を確保しうる範囲が下限となる．当然のことであるが，下限の範囲よりも上限の範囲のほうが大きなときにのみ，商業施設の成立が可能になる．

クリスタラーの供給原理を援用すると，CVSの成立条件は次のように定義することができる．まず，CVS上位3社の1日平均売上額は約55万円である[5]．また，CVSにおける来店客1人あたりの平均購入金額は約600円とされている[6]．ここから下限を規定する最低集客数は，1日あたり約1000人弱と概算することができる．また，都市部におけるCVSの徒歩商圏は半径約500mとされており[7]，この距離が必然的に上限となる．しかし，実際には自家用車を利用する来店客も多いため，その商圏規模は店舗が面する道路の通行量や平均速度にも影響を受けている．

ところでCVSには，クリスタラーが想定していないもう1つの「上限」が存

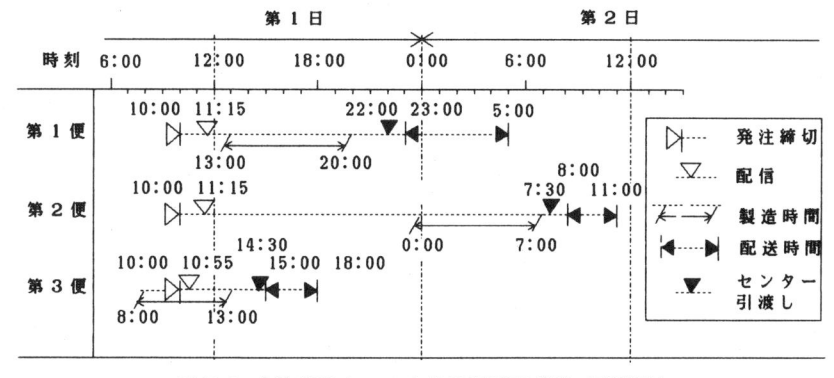

図10-1　大手CVSチェーンにおける米飯の発注・配送体制
出典：荒井良雄（1989），p. 34

在する．それは，配送センターを中心とする商品の**配送圏**である．店頭在庫が少ないCVSにとって，高度な情報システムに支えられた商品配送は生命線であり，主力商品である弁当やおにぎりは，1日に3回という高頻度配送が業界標準となっている．この場合，1日3回の商品配送を同じトラックで行うと仮定すると[8]，1回あたりの配送時間の上限は往復8時間となる．しかし，給油，清掃，点検，そして商品積載などを差し引いた実質の配送時間は，往復で6時間が限界とされている（図10-1）．それゆえ，配送センターから片道3時間という**時間距離**がCVSの立地を規定することになる．したがって，CVSの成立条件を検討する際には，集客と配送という2つの規定要因を考慮する必要がある．次に，この2つの規定要因について各別に議論したい．

CVSの集客構造―店舗立地と商圏への適応―

長時間営業を特徴とするCVSは，当初，商店街やスーパーマーケットが閉店した後の消費を吸収する補完業態として注目され，一定水準の夜間人口が重要な立地条件とされた．しかし，CVS市場が飽和状態に近づきつつある今日，1日平均で約1000人の来店客を，夜間人口だけで確保することはきわめて困難である．このため各チェーンでは，昼間人口を含めた商圏特性に適応する品揃えを工夫し，成立条件を満たす来店客数の確保に努めている．

箸本健二（1998）は，首都圏に展開する同一チェーンのCVS99店舗のPOSデータ分析を通じて，販売特性に基づく店舗の類型化を行い，①500m商圏の夜

間人口数が多く，他業態の集積が乏しい高層住宅群に立地する近隣多目的型CVS，②酒の販売免許をもち，広域から集客可能な酒販売型CVS，③昼間人口数が非常に多い業務地域に立地し，昼食関連品目や雑貨に特化したオフィス街立地型CVS，④夜間人口数に対して商業施設が少なく，スーパーマーケットや商店街の代替機能をもつ他業態代替型CVS，⑤通過交通量が多い幹線道路に面して立地し，ドライバーがその場で消費する品目に特化したロードサイド立地型CVS，⑥オフィス街とマンション街の混在地域に立地し，昼間人口，夜間人口がともに多い時間帯別対応型CVS，⑦駅前や学校周辺部に立地し，若年層を中心とした需要に対応する若年層対応型CVS，という7類型に分類した．図10-2は，この7類型の空間分布を示したものである．

こうした類型化と各類型の空間分布は，酒の販売免許という特殊な集客要因をもつ②を除く残る6類型の販売特性が，夜間人口数とその社会的属性，昼間人口数とその社会的属性，通過交通量に代表される集客構造の差異に規定されることを示している．しかし，このような小規模商圏への適応が進むにつれて，CVSの品揃えは店舗ごとに多様化し，配送システムの費用負担は確実に増大することになる．

CVSの配送構造―多頻度小ロット配送の空間的メカニズム

配送システムは，発注から納品までの時間（リードタイム）が長いほど効率は高くなる．しかし，多頻度小ロット配送を前提とするCVSの商品供給システムは，それとは正反対の方向を向いている．こうした条件下で，各CVSチェーンは最も合理的な配送拠点の数や立地を模索している．配送拠点の立地を決定する上で，最大の規定要因となるのは配送先までの時間距離である．そのため，配送拠点の立地を検討する際には，時間距離を重視した次の数式が使用される．

　　［数式1］　　$T_d = T_c + nT_s + (n-1)T_i$
　　［数式2］　　$n = (T_d - T_c)/(T_s + T_i)$

この数式において，T_dは総配送時間（delivery），T_cは仕分けや積載など配送拠点（center）で必要な作業時間，T_sは配送先の店舗（store）で必要な納品時間，T_iは店舗間の移動時間（interval），そしてnは配送店舗数を意味してい

* CL1（近隣多目的型）
△ CL2（酒販売型）
□ CL3（オフィス街立地型）
○ CL4（他業態代替型）
▲ CL5（ロードサイド立地型）
■ CL6（時間帯別対応型）
● CL7（若年層対応型）

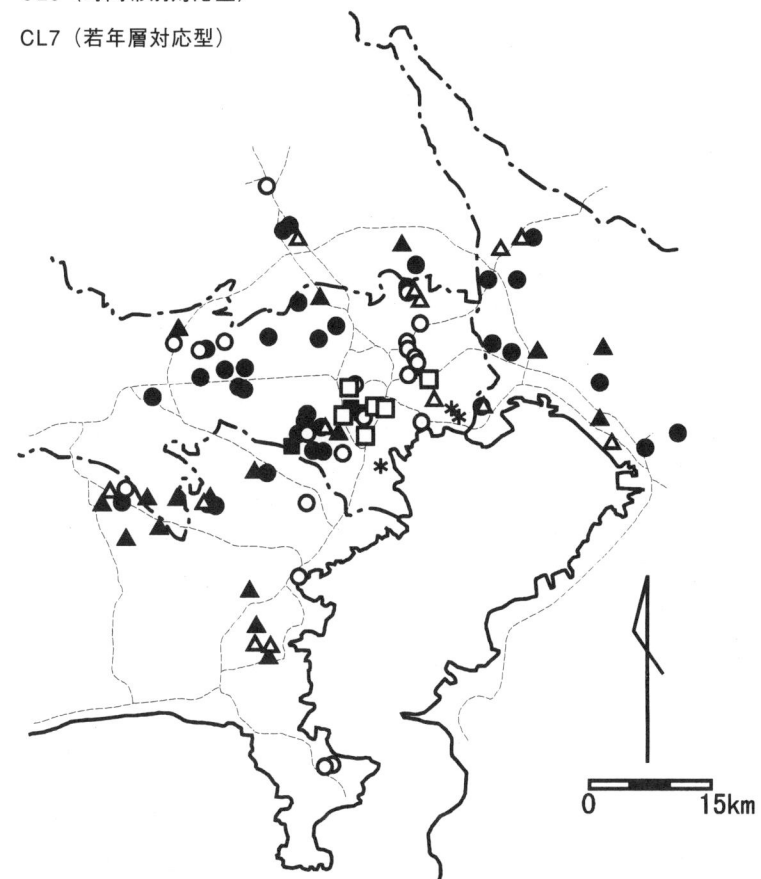

図10-2　各類型を構成する店舗の空間分布（首都圏99店舗の事例）
　　　注：図中の破線は，首都圏のJR旅客線を示す
　　　出典：箸本健二（1998），p. 246

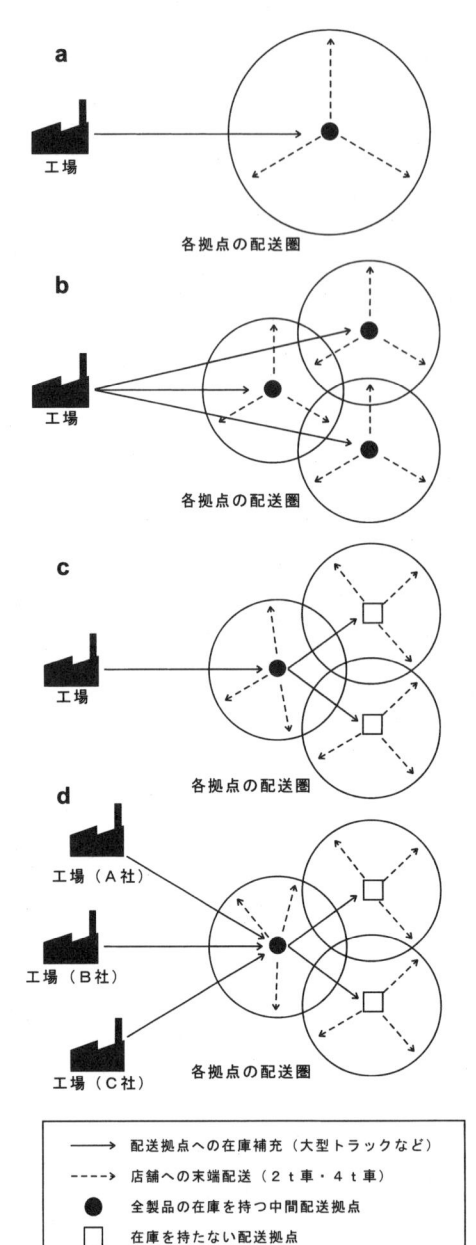

104　第Ⅱ部　立地論の応用―現代的課題へのアプローチ

a
工場
各拠点の配送圏

b
工場
各拠点の配送圏

c
工場
各拠点の配送圏

d
工場（A社）
工場（B社）
工場（C社）
各拠点の配送圏

→　配送拠点への在庫補充（大型トラックなど）
--→　店舗への末端配送（2t車・4t車）
●　全製品の在庫を持つ中間配送拠点
□　在庫を持たない配送拠点

図10-3　物流拠点における配送圏と在庫配置の変化
　　　　（筆者作成）

る．それゆえ，数式1は消費財物流の所要時間を累積する計算式となる．しかし実際には，リードタイム（Td）があらかじめ決定されており，その範囲内で配送可能な店舗数nが数式2によって導出される．荒井良雄（1989）は，nが小さく，配送費用を維持できない地域では，単店あたりの成立条件を満たしていてもCVSは出店できないことを指摘した．山間部の盆地などで，数店のCVSを維持しうる人口があるにもかかわらず，CVSが出店していない地域をみかける．こうした地域の多くは，配送拠点からの時間距離が長い一方で，新たな配送拠点を建設するにはnの数が不足している場所なのである[9]．

　日本の消費財流通の場合，1980年代前半まではTdがきわめて長く設定されていたため，各配送拠点から配送可能なnの数が多く，トラックは高い積載効率を維持していた（図10-3a）．しかし1980年代後半に入ると，小売業の情報化と併行してTdは急速に短縮された．他方，TsおよびTiは短縮が困難であり，逆に大都市圏内部では，交通事情の悪化による延長傾向がみられる．このため，Tcが不変であると仮定すれば，各配送拠点から配送可能なn

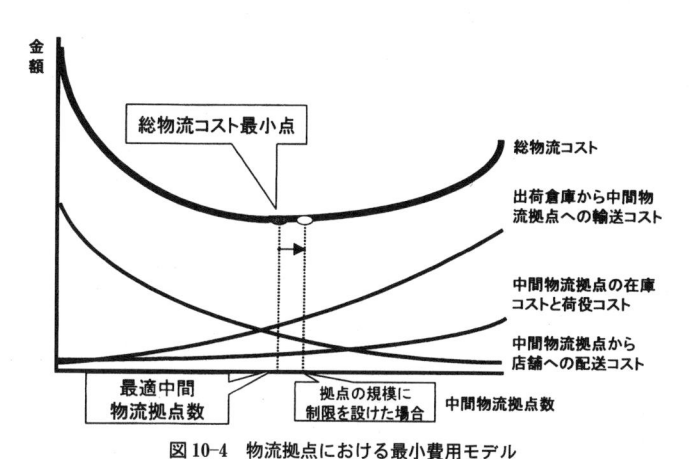

図10-4　物流拠点における最小費用モデル
出典：業界サプライチェーン研究会報告書（1998）『VOES』，p.7

数は減少し，配送圏は縮小する．この状況下で配送店舗数を維持しようとすれば，必然的に配送拠点の数を増加しなければならない（図10-3b）．しかし，配送拠点の無秩序な増大は，二重の費用負担を招くことになる．1つは拠点の地代や人件費であり，残る1つは在庫の分散に伴う総在庫量の膨張である．

そこで，T_dの維持に必要な配送拠点の数を維持したまま，在庫の総量だけを縮小させる工夫が進められた．それは，全製品の在庫をもつ中心的な拠点（DC：Distribution Center）の数を絞り込み，残る配送拠点（TC：Transfer Center）は在庫をもたずに，DCから供給される商品を店舗に配送するシステムの導入である（図10-3c）．このような配送システムの有効性を理解するためには，店舗配送における時間的制約を考慮する必要がある．たとえばT_dを24時間とした場合でも，実際には$T_d - T_c$がすべて店舗への配送に利用できるわけではない．なぜなら納品は原則として配送先の営業時間中に行う必要があり，夜間や早朝の時間帯には納品が不可能になるためである．24時間営業を行うCVSでも，従業員の数が少ない夜間の納品には難色を示すチェーンが多く，朝食用の弁当やおにぎりなど最低限の商品だけが納品されるにすぎない．図10-3cに示したシステムは，店舗配送が不可能な夜間を利用してDCからTCに翌朝配送分の在庫を移し，TCが店舗への配送作業を担当することで，配送拠点の小規模分散化と在庫の集約化を両立させたのである．CVSの配送システムは，このようなメカニズムの上に成立しており，最終的な配送拠点の数は，物流の総費用を最小化させる形で

決定されている（図10-4）．

おわりに

　CVSは，クリスタラーの「供給原理」に近い立地メカニズムをもつが，その下限を規定する要素は，夜間人口数，昼間人口数，通過交通量など，立地に応じて多様である．また上限は一般に半径500mとされているが，駐車場の整備状況や免許品目の有無によって，その範囲は大きく変化する．さらに，配送拠点からの時間距離がCVSの立地を規定しており，その上限は，最も配送頻度が高い「弁当・おにぎり」の配送拠点から片道3時間の範囲と考えられる．

　ところで，CVSの効率性を支えている**多頻度小ロット配送**は，メーカーや卸売業に在庫負担を転嫁するシステムでもある．また極端な多頻度配送が，交通渋滞や環境問題を悪化させているという指摘も出されている（野尻　亘，1997）．例えば，狭い道路に面したCVSの前で，エンジンをかけたまま納品作業を行うトラックへの社会的批判は強い．

　これに対して業界団体などでは，近未来的に**サプライチェーンマネジメント**の導入を検討している．サプライチェーンマネジメントは，菓子，飲料，日用雑貨などの製品分野ごとに，各配送圏の物流拠点を原則として1カ所に定めて，各メーカーがこれを共同利用しながら積載効率の向上を図るという考え方である（図10-3d）．この考え方は，各配送圏に含まれる物流拠点の数が大幅に絞り込まれるため，積載効率の向上と併せて，総配送費用や外部不経済の抑制が期待されている．しかし，既存の配送システムに対する影響はきわめて大きく，その利害調整をめぐる議論は進んでいない．

注

1) 取扱品目による小売業の分類を「業種」，販売方法・営業時間などオペレーションによる店舗の分類を「業態」と称する．精肉店，玩具店などは前者，スーパーマーケット，CVSなどは後者の分類方法による．

2) 平均的なCVSに配置されている商品数は約1,500〜1,800種である．これに対して，売場面積3,000m^{2}規模のスーパーマーケットの商品数は，約15,000〜20,000種といわれている．両者を単純に比較すれば，CVSは，スーパーマーケットの30分の1の売場に，10分の1の商品を陳列していることになり，その密度差は約3倍に及ぶ．

3) 大規模小売店舗法の略．1973年に制定され，1978年の強化を経て，2000年5月まで施行された．小売業を店舗面積に基づいて規制する法律であり，売場面積500m^{2}以上の店舗（第2種大型店）が規制対象とされた．
4) こうしたチェーンストアの戦略については，Arai and Yamada (1994) に詳しい．
5) 日経流通新聞によると，CVS上位3社（セブン—イレブン・ジャパン，ローソン，ファミリーマート）における1999年度の1店1日平均の売上額は，54.12万円であった．
6) 財団法人流通経済研究所が1999年に実施した調査による．
7) セブン—イレブン・ジャパン (1991) による．
8) 一般的に，物流費のうちトラックの減価償却費は，ドライバーの人件費に次いで高いとされている．このため，多頻度配送を行うCVSの場合でも，1日3回の配送を同一のトラックで行うケースが多い．
9) 荒井良雄 (1989) は，長野県の木曾谷に大手CVSの空白地域があることを指摘している．この空白地域は，配送拠点がある松本市からの時間距離に加えて，木曾谷全域で配送費用を黒字にするだけのn数を確保できないことが大きな理由とされている．

［演習問題］

1 現代商業の立地を考える場合，クリスタラーの中心地理論で説明できるだろうか．修正すべき点，新たに付加すべき点はどのような点だろうか，考えてみよう．
2 タウンページ（電話帳）を用いて，身近な地域におけるCVSの立地を地図上にプロットし，チェーン間の違いにも注意しながら，立地の特徴をあげてみよう．

［入門文献］

1 山下勇吉 (1994)『商業立地の知識』日経文庫．
2 奥野隆史・高橋重雄・根田克彦 (1999)『商業地理学入門』東洋書林．
3 Jones, K. and Simmons, J. (1990) *The Retail Environment*. London : Routledge. ［ジョーンズ・シモンズ著，藤田直晴・村山祐司監訳 (1992)『商業環境と立地戦略』大明堂］
4 田島義博・原田英生編 (1997)『ゼミナール流通入門』日本経済新聞社．
5 箸本健二 (2000)『日本の流通システムと情報化』古今書院．

1は商業立地の平易な解説書．2は商業地理学全般についてわかりやすく解説した入門書．3は米国の今日的な商業立地を理解する上での好著．4は流通論の代表的なテキスト．5は，情報化に伴う日本の流通システムの変化を詳しく紹介している．

第11章　IT革命
——空間的な情報フローの刷新

田村大樹

CN革命？

　我々の社会は今，歴史的な変革期に置かれている．情報通信技術の革新を原動力とする「**IT革命**」と呼ばれる大きなうねりが，社会のあらゆる領域で，我々の経験に断絶を刻み込んでいるのである．そして，社会現象の空間的振る舞いを映す経済地理のみが，そのような社会変革の影響を免れるということはあり得ない．それどころか，IT革命との関係を詳細にみれば，経済地理的現象は単に数ある社会現象の現れの1つとしては解消されない重要な意味をもっていることがわかるのである．

　過去30年にわたり情報技術（IT）の重要性が論じられてきたにも関わらず，ここ5年ほどの間にIT革命という用語が社会に急速に浸透したことは，決して歴史の気まぐれなどではない．この用語の浸透の背景には，コンピュータ・ネットワーク（CN）のやはり劇的ともいえる普及が呼応していたのであり，「IT革命」の歴史的真意は，実は「**CN革命**」なのである．

　そして，CNの普及が引き起こす社会的問題は，第一義的に空間の問題である．単純にいって，CNの要点は，それまで離れ離れの場所にあり，それぞれ勝手に情報を処理していたコンピュータを空間的に結びつけ，連動させることにある．もちろん，それらのコンピュータの端末の前にはそれぞれ人間が座っているのであるから，そのことによって，コンピュータ自身はさほど外観を変えぬまま，情報処理の機械からコミュニケーションの機械へとその役割を変えてしまったのである．人間同士のコミュニケーションの間に機械が介在し，人と人の間の距離を一気に解消してしまうという役割をこの技術は果たしているのである．

　人と人とを結ぶ情報の空間的移動の変化，これこそが革命とも表現される現行の複雑な社会変革の唯一の引金なのである．社会の成立条件である人と人のコミュニケーションが変わることによって，市場が変わり，企業組織が変わり，人々

の日常の経験が変わり，都市が変わるのである[1]．

カステルは，「フローの空間」の出現という切り口で，この「CN 革命」をみている（Castells, M., 1989 ほか）．カステルによれば，空間とは「時間を共有する社会的諸実践の物的支持」であり，CN の普及によって，もっぱら企業活動の実践のための物的支持が機能しつつあるのである．そして，隣接性を特徴とする旧来の空間とそのような特徴から放たれた「フローの空間」との相克という構図で，今日の社会変化を描いている[2]．

立地と空間的情報流

　立地とは空間的にみたストックの分布であり，その変化である．一方で，人や物，それに情報といったものが不断に地表を流れ，それらが空間的なフローを構成している．個別の**空間的フロー**は，特定の**空間的ストック**を出発点と終着点としてもち，それゆえ，全体としての空間的フローの流れ方は空間的ストックの分布によって規定されている．しかし他方で，新規に立地が行われ空間的ストックが更新される場合，その時点での空間的フローの流れ方が特定の地点へ立地を引き寄せる．港湾，空港や高速道路のインターチェンジなど物流の結節点に近接して新たな工場が立地するなどというのはこの典型である．また，鉄道や自動車といった画期的な**空間克服技術**が社会に普及する過程においては，空間的フローのスピード，密度それに価格の急激な変化が，立地体系の刷新を迫るのである．つまり，空間的ストックとフローは相互規定的な関係にあるのである．

　ところが，空間的ストックについては立地論という理論的な枠組みがあるのに対し，空間的フローはこれまであまり省みられてこなかった[3]．古典的立地論では，モデル化の初期の段階において，物理的に均質な平面が想定されている．空間克服は特定の径路に依存することはなく，あたかも無限に広がるアスファルトの上を車で移動するような状況である．また，それらのモデルでは，まずは，与件の空間克服技術の下での立地均衡がモデル化されている．もちろん，特定の径路の果たす役割も，空間克服技術の革新も，モデルの現実への適用の際には考慮されるのであるが，それでも当初の均衡モデルを歪めるものといった役割しか与えられていないというのが実情である．

　とはいえ，工場の立地が最も重要であった時代には，空間的フローが立地に及ぼす作用は控えめなものであった．空間克服技術の飛躍がないという条件の下で

は，原材料供給地から工場へ，工場から消費地の商店へ，そして商店から個別の消費者のもとへと，安定した一方向の物財のフローがみられた．その際，空間的フローの問題はいかにしてそのような一方向の流れをスムーズなものにするかということであり，実際，既存の空間克服技術のための径路をそのために整備してきたのである．

対面接触に基づく都市集積

いつしか，工場は社会における中心的な施設の座を明け渡していた．物財を生産しない第3次産業の比率が高まるとともに，製造業内部でも工場で働く人々の数は一貫して減少してきたのである[4]．成長する第3次産業の中心は，**消費者サービス業**ではなく，企業に専門情報を提供するような**生産者サービス業**であり[5]，また規模拡大を果たした製造業企業は，立地単位を分割し，管理機能を工場とは異なる法則で立地させるようになったのである．

今日，立地問題の主戦場は工業地帯ではなく大都市である．都市に立地する専門サービス業や大企業の**中枢管理機能**にとっては，情報の空間的フローこそが決定的に重要である．そこで働くいわゆるホワイトカラーの人々は，レベルに応じてもっぱら**専門情報**の収集，処理，加工に携わっている．彼らは自ら情報を運び**対面接触**でそれを伝達することによって，総体として物財の一方向的なフローとは異なる，複雑な情報のフローを構成しているのである．そして，彼らの複雑な移動のためのコストを最小化し，接触の頻度を高めることを**都市集積**が保証しているのである．

加えて，都市と都市の間にも情報は流れ，それが複数の都市からなる**都市システム**を構成している．プレッドは，人間が伝達する情報の役割を都市間関係を説明するために利用し，空間的な情報のフローの役割を重視した独自の都市システム論を展開した[6]（Pred, A., 1977）（図11-1）．

プレッドの都市システム論の要点は次のようなものである．人間が運ぶ情報によって都市間に専門情報が流れる．多くの専門情報が集まる都市では，新たな商機や**イノベーション**が発生しやすい．そして，発生した商機やイノベーションについての知識も専門情報となり，他の都市へと伝播してゆく．その際，いち早くこれらの情報を入手するほど，起こり来る事態に対し適切に対応することができるのであるから，企業は専門情報の入手可能性が高い場所に対面接触の人員を配

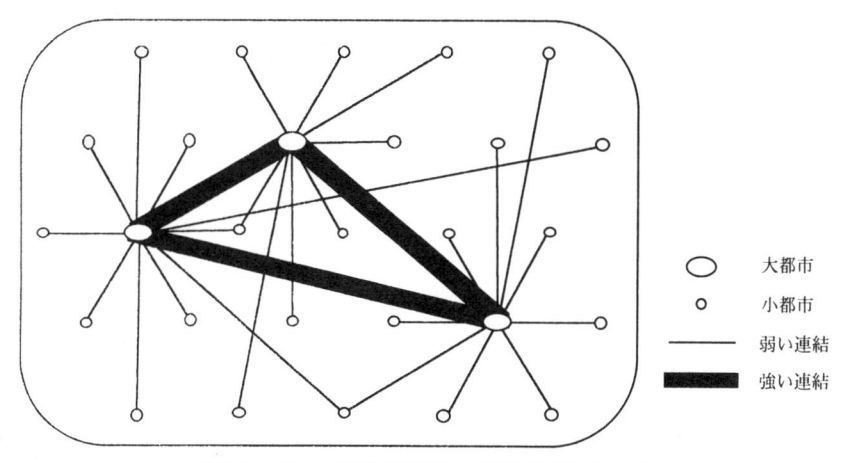

第11章　IT革命―空間的な情報フローの刷新（田村）　111

　　　　　　　　　　　　　　　　　○　大都市
　　　　　　　　　　　　　　　　　○　小都市
　　　　　　　　　　　　　　　　　──　弱い連結
　　　　　　　　　　　　　　　　　━━　強い連結

図11-1　プレッドの専門情報による都市間連結イメージ
出典：Pred, A. (1977) をもとに田村作成

置するためにオフィスを立地することになる．既存の大都市は，この要件を備えている．規模の大きな都市では，その規模に応じて様々な専門情報が流れている．また，既存の大都市間には，通常距離に関わらず，航空路線を典型とする，情報を運ぶ人のための太い径路がすでにできあがっており，これを通じていち早く他の大都市で起こった新たな商機やイノベーションにも適応することができるのである．

　プレッドの結論は，専門情報の入手に関していかに既存の大都市が有利であるかということを示している．実際彼は，企業活動の場を提供してきた既存大都市の地位が，そこで活動を行う企業の激しい盛衰に比べて，歴史的にいかに安定していたかを示している．既存大都市間を行き来する多くの人々が，専門情報を運び，新たな商機やイノベーションを運び，そして都市の成長機会をも運んでいるのである．

空間的フローの類型

　プレッドの都市システム論は，CNがもたらしている今日の社会変化について我々が考察する際に，非常に重要となる論点を提供している．それは，第1に，空間的フロー，それもとりわけ情報のフローを議論の中心に据えた点である．先にみたように，これまで空間的フローは，空間的ストックの分布とその変化，す

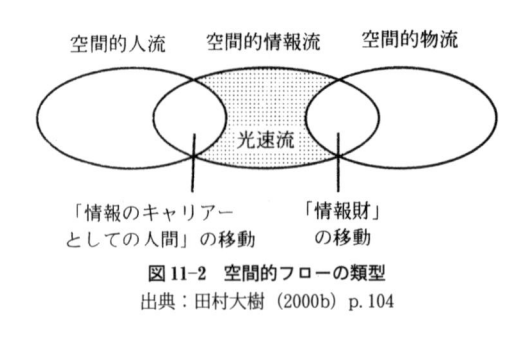

なわち立地に従属するものとして位置づけられていたのであるが、都市集積に関しては、専門情報の入手可能性というフローの側面が、ストックとして現れる都市成長を規定しているのである.

また、プレッドの議論においては、そのような専門情報はもっぱら人間が運ぶものとして想定されている．そのため、CN の発展が引き起こす社会的・地理的な帰結を評価するのに都合がいい．つまり、「専門情報を空間的に運ぶのは人間か、それとも CN か」という問いで論点を集約することができるからである．

そもそも空間的なフローには、素材的にみれば、**空間的人流**と**空間的物流**、それに**空間的情報流**の 3 つの種類があるが、同じ情報を人間が運んだり CN で伝達したりすることができるのであるから、各々のフローは独立して流れているわけではない（図 11-2）．プレッドが強調するように、我々の経済社会は人々が運ぶ情報に決定的に依存しており、情報のキャリアーとしての彼らの移動は、空間的な人間のフローでもあり情報のフローでもある．また、同様の交わりは物流と情報流との間にもみられる．書籍や CD、それに設計図といったもっぱら蓄積のために情報が体化された物財を「情報財」と呼べば、そのような財の空間的な移動は、物流の一角を占めると同時に、空間的な情報流でもあるのである．

CN の急速な社会への浸透が意味するものは、空間的人流とも空間的物流とも交わらない、光速の空間的情報流の増大である．そして、この「光速流」の増大は、今日、空間的人流・物流と空間的情報流の交わりの意味を問い直し始めているのである．物流との関連でいえば、ソフトウェアをダウンロードすることは一般的になっており、CD 販売に代わる音楽のネット配信の動きもすでに始まっている．

人流の場合は、変化は物流におけるほど明瞭ではない．しかし、そのことは情報を運ぶ人の役割がいまだに変わっていないことを意味するわけでも、その変化がたいしたものでないということを示しているわけでもない．むしろ、情報のキャリアーとしての人間の社会的役割の変化は、ホワイトカラーと呼ばれる最大の

図 11-2 空間的フローの類型
出典：田村大樹（2000b）p. 104

職種に属する人々の大多数の仕事の在り方を直接的に変化させるのである．例えば，企業間取引における情報仲介を担っている卸売業，それに，企業組織内部における人的な情報伝達の象徴である中間管理職で「中抜き」と呼ばれる現象が起こっている．もっぱら人的な情報伝達に依存していた彼らの役割は，少なからず人手のかからない CN に取って代わられたのである．

空間的フローの刷新と発展段階

技術革新が社会変化を引き起こすという立場は，広く採用されている．そして，社会的影響力の大きな技術革新が社会を質的に変化させ，異なる発展段階へと導くという考え方も，多くの異論はあるにも関わらず，比較的受け入れられている．ここでは，これらの立場に立って，さらに今ひとつの仮説を検討することにする．それは，「空間的フローを刷新するほどの空間克服技術における革新が経済の発展段階の移行を引き起こす」というものである[7]．

歴史的にみれば，鉄道と自動車という2つの空間克服技術の社会的普及が決定的に重要である．鉄道の敷設が国民経済を生み出し，自動車の普及が**フォーディズム**と呼ばれる20世紀型の蓄積体制をもたらしたのである．いずれの技術も空間的な人流と物流のスピードを飛躍的に高め，経済活動の空間的範囲を一気に広げた．加えて，この2つの技術はそれを担う産業の規模も大きく，広範な関連産業と合わせて経済全体を牽引するほどの影響力をもっていたのである．

ここで，鉄道にしろ自動車にしろ，これらの技術が単に原材料や製品の市場圏を拡大したのみでないことを強調しておく．いずれの技術も，ビジネス上での人の足を伸ばし，それ以前とは比較にならないほどの密度のコミュニケーションを可能としたのである．通常あまり指摘されないが，鉄道と自動車は，情報の空間的フローをも塗り替えたのである．情報の空間的フローという点では，プレッドが強調していた飛行機と，それに電話が果たした役割を無視することはできない．飛行機は，鉄道や自動車と比べて，人々の一般的な足としては普及していないが，高コストの空間克服でも引きあうような重要度の高い情報伝達においては，時速1,000km という能力を遺憾なく発揮したのである．

今日からみれば，電話は原始的な光速流の空間克服手段である．しかし，ようやく音声を伝えるにすぎないこの技術が経済にもたらしたものは計り知れない．電話はそれ自身の産業の規模も，関連産業の裾野の広がりも，自動車産業と比べ

れば限られている．また，社会への浸透の仕方も自動車よりはかなり「地味」なものであった[8]．にも関わらず，ビジネスにおいても，日常生活においても我々はこの技術に完全に依存している．その依存の程度は，今日，電話がない社会というものを，電話のない企業組織，電話のない市場取引，そして電話のない人間関係を具体的な形で想定することが困難であることからもわかる．

そしてCNである．社会的には，CNは電話の延長線上にある技術である．コンピュータが扱うことができる情報はどのようなものでも，早晩，光速の足をもって世界中を駆け巡ることとなる．そして，コンピュータは今後ともその性能を向上させ，より多くの多様な情報を処理するようになるのであるから，CNは究極の光速流の空間克服手段であるといえる．控えめな電話を取り込み，CNは空間的な情報のフローを刷新し，我々の社会を新たな発展段階へと導くことになるのである．それこそがIT革命の革命たる所以である．

IT革命時代の立地論にむけて

IT革命という歴史的変化はまだ緒に就いたばかりである．今後どのような立地原理が支配的になり，どのように立地体系が更新されるかについての正確な見取り図はない．ただし，今後の変化の方向性については，この小稿の考察を通して一定のことをいうことができる．

まず何よりも，IT革命の中心には空間的な情報のフローに関する技術革新があるということである．CNに乗る情報であれば，その空間的移動に時間はかからず，場所による相違も距離による影響も解消されてしまう．紙幅の関係で十分に述べることはできないが，このような情報フローの変化は，単に市場圏や企業の活動範囲を広げるにとどまらず，市場取引の在り方を変え，企業組織の編成原理をも変えるものである．そもそも，市場も企業組織も情報伝達を基礎として成立しているのである．

結局のところ問題となるのは，人間が運んでいる情報のどこまでがCNで運ばれることになるのかという点である．つまり，情報の質の問題である．対面接触と既存の電話との関係については，すでにオフィス立地論などで研究の蓄積がある（Goddard, J. B., 1971 ほか）．そこでの結論は，電話では定型的で重要度の低い情報が伝えられ，プレッドのいう専門情報にあたる重要な情報は対面接触で伝達されるというものである．この結論は，これまで，対面接触による情報伝達の

重要性を強調するために用いられてきたが，今日ではむしろ，電話という非常に原始的な手段ですら，企業活動にすでに深く組み込まれていたことを示していると理解する必要があろう．

　情報を質によって分類することは非常に困難であるが，CN に乗るか乗らないかの基準が単純に情報の重要性や定型性でないことは，先行して世界化を果たした金融市場をみても明らかである．どのような情報が CN に乗るのかについて筆者自身もいまだ明快な分類ができていないが，問題設定としてどのような情報が CN に乗らないかを考える時期が到来しつつあるように思われるのである[9]．

　そして，情報を運ぶ人間の役割が見直されれば，彼らの役割を求心力の1つとして発展してきた，大都市が大きくその姿を変えることとなろう．もちろん，大都市で行われる経済活動はこれらの情報活動のみではない．とくに，大都市の提供する多様な消費の機会は，多くの人々を引きつけている．しかし，消費者向けの各種の産業は，都市にとって本質的にベーシックなものではない[10]．基幹となる活動が衰退すれば，かつての工業都市にみられたようにこれらの産業も縮小せざるを得ないのである．

　とくに日本において，情報機能の東京一極集中が際立っている．世界最大の都市集積を，世界最高の対面接触の密度が支えているのである．加えて，東京では最も重要度の高い情報の伝達が行われているとすれば，この巨大都市の今後の行方が，空間的な情報のフローの刷新の方向について，きわめて重要な事例を提供してくれることになろう．

注

1)　本章の立場からの変化の詳細については，田村大樹（2000b）『空間的情報流と地域構造』大明堂を参照されたい．
2)　カステルの議論については，豆本一茂（2000）の紹介がある．
3)　矢田俊文は空間的フローの重要性を指摘している数少ない論者である．彼の地域構造論の枠組みにおいては，空間的ストックに対応する産業立地体系と空間的フローにあたる人，物，所得・資金の経済的循環とを統一したものとして国民経済レベルの産業配置が描かれている（矢田俊文，1990）．
4)　国民所得の増大に伴って，労働人口や国民所得の比重が，第1次産業から第2次産業，第3次産業へと移っていくことは，「ペティ・クラークの法則」として知られている．こうした移行は，需要の所得弾力性や労働生産性の産業部門間格差によって説明されること

が多い.

5) とはいえ,消費者サービス業と生産者サービス業の区分は概念上のものである.サービス業に限らず,一般に特定の種類の生産活動を先見的に家計向けであるとか,企業向けであると仕分けすることはほとんど不可能である.それゆえ,統計的な実証にこのような概念が用いられるとき,しばしば強引なグルーピングが行われ,広く支持される結論が得られることは少ない.ただし,これらの概念も家計と企業,それぞれの経済主体の果たす諸機能の外部化といった視点で用いられれば十分な威力を発揮することになるのである.

6) プレッドの都市システム論の紹介については,田村大樹(2000a)を参照されたい.

7) ハーヴェイは,「時間による空間の絶滅」を求めて,運輸・通信手段の発達が促されるとともに,「空間の克服のために必要とされた固定された空間構造それ自体が,克服されるべき空間的障壁に化す」とも述べており,鉄道や道路といった「建造環境(Built Environment)」が場所固有の減価をもたらす矛盾を指摘している(Harvey, D., 1982).

8) フィッシャーは,主に20世紀前半のアメリカにおける電話の普及過程を,自動車のそれと対比する形で詳細にたどっている(Fischer, C. S., 1992).その際の重要な論点の1つは,電話も自動車も普及の当初は人々の興味を駆り立てたが,自動車に対する興味がその後も尽きなかったのに比べ,電話は普及してしまうとあっという間にありふれたものになってしまったというものである(第5章参照).「電話は話すための装置だったにもかかわらず,自動車に比べると,沈黙のなかに置かれていた」(訳書(2000), p. 198)のである.

9) どのような情報がCNに乗るかという論点は,田村大樹(2000c)「マッチング産業とIT革命」(所収山﨑 朗・玉田 洋編著『IT革命とモバイルの経済学』東洋経済新報社)で考察している.

10) 都市成長に関する代表的理論として,「経済基盤説」がある.これは,都市の産業を,外部から所得を獲得してくる「基盤産業」(Basic Industry)と,都市内部の企業・家計の消費によって成立している「非基盤産業」(Nonbasic Industry)とに分け,都市の成長は基盤産業の成長いかんにかかっているとする説である.

[演習問題]

1 コンピュータネットワークの普及によって,これまで立地論が重視してきた距離の摩擦や輸送費や交通費は問題にならなくなってきている.情報化時代の立地論は,どのような内容になるのだろうか,考えてみよう.

2 新聞記事からIT革命によって企業組織や市場取引,物流システムなどの変化の事例を探し出し,変化の特徴や問題点をあげてみよう.

[入門文献]

1 田村大樹（2000b）『空間的情報流と地域構造』大明堂.
2 今井賢一・金子郁容（1988）『ネットワーク組織論』岩波書店.
3 山﨑 朗・玉田 洋編（2000）『IT革命とモバイルの経済学』東洋経済新報社.
4 Toffler, A. (1980) *The Third Wave*. New York: Bantam Books.［トフラー著，徳岡孝夫監訳（1982）『第三の波』中公文庫］
5 北村嘉行・寺阪昭信・富田和暁編（1989）『情報化社会の地域構造』大明堂.

1は，情報化社会についての基礎理論や地域構造論の枠組みについて解説するとともに，空間克服技術の変化による地域構造の動態論を展開している．2と3は，ネットワーク組織と空間克服についてわかりやすく解説している．4は，歴史的な視点で情報化という現象を捉える際の基礎となりうる文献である．5は，情報化社会における産業や地域の実態を明らかにしている．

第12章 環境問題
—— リサイクル事業の立地

外川健一

環境問題へのアプローチ

20世紀後半は史上まれにみる経済成長の時代であり,また大量生産・大量消費・大量廃棄の時代であった.そしてかつての公害問題は,環境問題,さらには地球環境問題へと広がり,その性格は大きく変わったという議論がある.この議論の背景には,わずか最近数十年の間,それぞれの時期に支配的なパラダイムに少しずつではあるが変化が生じているという事実がある.コルビー (Colby, M. E, 1990) は,20世紀後半における環境管理と経済発展に関わるパラダイムシフトについて,以下のようにまとめている.

1960年代後半まで,先進工業国とりわけ合衆国で支配的であったパラダイムは,「フロンティア経済学」であった.このパラダイムでは,自然とは無限に資源を供給し無限に廃棄物を受け入れる存在であり,一方経済は物質世界とは関係なく成立するという.すなわちこのパラダイムでの経済学は,無限の処女地と次から次へと開発される新技術・代替資源が与件であった.

ボールディング (Boulding, K. E.) はこのような経済を「カウボーイ経済」と批判し,人類は限られた資源を共有していかなければならないとし,「宇宙船地球号」の経済学を模索・提唱している.そのような流れのなかで,環境と経済のトレード・オフに着目し,人類の英知をもって環境を保護していくべきだという「**環境保護**」(Environmental Protection) の思想が発展していった.このような思想の背景には,カーソン (Carson, R.) の『沈黙の春』やハーディン (Hardin, G.) の『コモンズの悲劇』などの著作の影響があった.さらに様々な法規制の必要性の議論や,ピグー (Pigou, A. C.) の厚生経済学に始まる外部不経済の内部化の議論も,このパラダイムとの関係が大きい.

そして1970年代以降には,「**資源管理**」(Resource Management) という第3のパラダイムが生まれた.これは「汚染」を経済の外に置くのではなく,「負

の資源」と捉える考え方である．このパラダイムでは，資源間の相互依存関係と資源の持つ多様な価値を，はっきりと認識し，政策決定において考慮しなければならないという．ここではいかにして環境を経済的に評価するか（economize economy）という課題が残されている．

一方，環境思想の中には，人間中心主義に対するカウンター・カルチャーとしての「**ディープ・エコロジー**」という考え方が，もう1つの系統としてはっきりと存在している[1]．さらに1990年代に入り，地球規模の環境問題が政策課題として浮上すると同時に，「**持続可能な発展**」（Sustainable Development）というスローガンが登場した．その背景には，南北問題や将来世代への考慮と，自然の循環を重視する思想がある．このような流れの中，環境と経済のトレード・オフではなく，経済を環境に組み込み一体化させていこう（ecologize economy）という試みが模索されている．コルビーはこの新しいパラダイムを「エコ発展」（Eco-Development）と称し，これが21世紀の人類の新しいパラダイムであるという．

ところでこれらのパラダイムで検討されている資源・環境問題は，一般的に「地球」というマクロレベルでの，インプット・アウトプットの問題として考察されている[2]．しかしながら，現実の「**人間と自然のあいだの物質代謝およびその撹乱**」[3]が見出されるのは，ほとんどが「地域」を単位としたものである．経済のグローバル化を背景に，生産・消費・廃棄の過程を通じた物質代謝の撹乱は，ごく小さなコミュニティのスケールから，ローカル，リージョナル，ナショナル，地球規模と，重層的に錯綜している．これらの問題がいかに構造的に成立しているかをどのように空間的に解明するか，さらにはまた，リサイクル工場や廃棄物処理施設の立地メカニズムなど，経済地理学の検討すべき課題は多い[4]．

循環型社会

20世紀の経済社会は，大量生産・大量消費・大量廃棄のワンウェイを基本としたいわゆる「使い捨て文化」の社会であった（図12-1）．しかし，このようなシステムでは大量の廃熱・廃棄物が発生し，結果として有害物質や温室効果ガスによる生態系の撹乱が惹起され，人間の生命活動が脅かされることとなる[5]．したがって，人間社会から発生する廃熱・廃棄物をできるだけ少なくし，同時に資源やエネルギーの自然からの採取と，人間社会への投入をもできるだけ少なくす

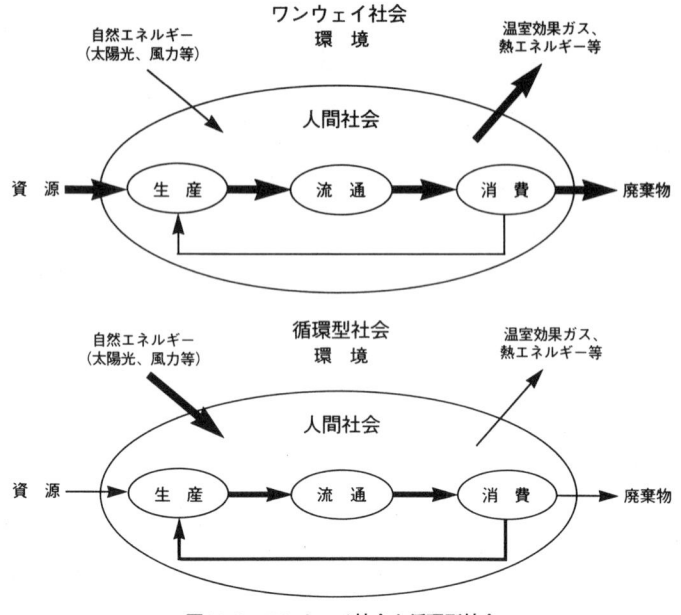

図 12-1　ワンウェイ社会と循環型社会
出典：加藤三郎（2000），p. 17 に外川加筆．

る社会への転換が求められているのである．この新しい社会（＝「循環型社会」）で投入されるエネルギーは，できるだけ少量であるべきであり（省エネルギー），同時に環境負荷の小さいそれ（自然エネルギー）を開発・推進していくべきであろう（加藤三郎，2000）．また，生産・流通・消費という流れを必要最小限に抑え，さらにこの流れに続く「再資源化」という流れをより強固なものにする必要があろう．換言すれば「循環型社会」とは，物質やエネルギーのフロー，そして廃棄物の発生を極力抑え，排出されたものはできるだけ資源として利用し，最後にどうしても利用できないものについてのみ適正に処理することが徹底される社会である．

　ところで，「循環型社会」という語の意味内容は，それを用いる論者によって2つに大別される．一方は，「自然の循環」を社会の成り立ちの基本として考えるものであり，もう一方は，人工的なリサイクルを徹底させれば社会の持続性は達成できるという考え方である．前者の考え方からすれば，「循環型社会」とは，廃棄物処理・リサイクルといった観点だけから構想されているものではなく，廃

棄物処理にしろ財の再使用・資源の再生利用にしろ，それらが自然のメカニズム，自然の物質循環と調和したものとなり，また自然と共生するライフスタイルが実現されるような社会であると考えられる．その意味では，いわゆる「3R (Reduce, Reuse, Recycle)」を基本とする社会を「循環型社会」として限定することには問題がある（松本有一，2000）．

しかし実際のところは，「3R を基本とする社会」が，一般には「循環型社会」と捉えられている．しかも日本では，循環型社会を構築するための基本的枠組み法というべき「循環型社会形成推進基本法」では，3R に関して順位づけ (Reduce＞Reuse＞Recycle) を明確にしているものの，具体的政策を規定する「廃棄物処理法改正版」，「資源有効利用促進法」，「容器包装リサイクル法」，「家電リサイクル法」，「建設リサイクル法」，「食品リサイクル法」の 6 法は，リサイクルだけの推進を志向したものとなる素地をもっている[6]．以下，本章では「3R」のうちの「リサイクル」を司る事業所の立地の特質とその背景について考えていくことにしたい．

リサイクル事業の立地

「**静脈ビジネス**」，あるいは「**静脈産業**」と呼ばれているリサイクル事業は，2つに大別される．静脈系のアナロジーを用いて説明すれば，排出された再生資源を収集する「真の静脈部」である「再生資源回収業」（以下「回収業」と略す）と，収集された再生資源を加工処理する「心臓部」たる「再生原料・再生製品加工業」（以下「再生業」と略す）の2つである．

「回収業」とは，原料としての古紙や鉄スクラップ，アルミスクラップなどを回収し，それをユーザー（「再生業」が主）に卸す事業であり，「再生業」とは，回収された再生資源を，分別・修繕・加工など何らかの手を加えて再利用できる形にし，いわゆる動脈産業への原料を供給する事業を意味する．

では，こうした「リサイクル事業」の立地は，どのように決まるのであろうか．「リサイクル事業」の立地は，原則的に「動脈産業」のそれに規定されていると考えられる．産業活動あるいは消費活動の生み出した廃棄物などを原料として加工し，それを再生資源として「動脈産業」に再度提供するのが，静脈産業の1つとしての「リサイクル事業」である．ゆえにその立地は，原料の排出先であり，また再生製品の需要先である動脈産業の立地点に，よりアクセスしやすいことが

ポイントとなっている．すなわち原材料の収集・運搬といった輸送コストが，静脈産業経営のキーとなっている．このためその立地は，ウェーバーの工業立地論，とくに**輸送費指向**を基礎に，ある程度説明できる．

一方，環境問題の顕在化とともに，リサイクル事業は**迷惑施設**とも捉えられ，それが人里離れた過疎地にリプレースされる傾向が出てきているのも事実である．すなわち最適な輸送費地点からの「偏倚」がもたらされたのである．この傾向は，「廃棄物処理業」の立地において顕著である．

厚生省の分類に従えば，「廃棄物処理業」は，「収集運搬業」，「中間処理業」，「最終処理業」の3つに大別される．「収集運搬業」は発生した廃棄物を引き取り，中間処理業者もしくは最終処理業者まで輸送するのが業であり，その立地は基本的に廃棄物発生先である動脈のそれに張りつく傾向があるのは，「リサイクル事業」のそれと同じである．一方「中間処理業」，「最終処理業」の立地は，迷惑施設としての傾向が強くなり，とくに最終処分場の立地に公共関与の必要性が叫ばれているのは周知のとおりである．

確かに，経済原則やこのような社会的背景のみから考えれば，リサイクル事業は，過疎地のほうが競争力をもちポテンシャルが高くなっているといえよう．しかし一方で，ビジネスとしてのリサイクルを核とした，新たな地域開発という戦略が観察され始めている．通産省（現・経済産業省）・厚生省（現・環境省）が，各自治体のゼロエミッション構想を支援するために行っているエコタウン事業はその一例といえるだろうが，その概要は後に述べることとする．

「回収業」と「再生業」の立地事例

ここでは，「回収業」のうち「再生資源卸売業」の立地を具体的にみてみよう．「再生資源卸売業」の特質としてまずあげられるのが，その規模の零細性である．1999年の『商業統計表』によると，全商店数11,470のうち，従業員1〜2人の事業所が4,863（全体の42.4％），3〜4人のそれが，2,612（全体の22.8％），5〜9人のそれが2,491（全体の21.2％）であり，9人以下の事業所が全体の86.4％にも及ぶ．第2に，再生資源の市況が不安定であることから，経営が不安定であるということが指摘できる（クリーン・ジャパン・センター，1993）．とくに円高以降の再生資源相場の下落は顕著であり，このことが，市況次第で再生資源が廃棄物と化してしまう大きな要因となっている．

表 12-1 「再生資源卸売業」の地域別シェア

	商店数	(%)	年間販売額 (百万円)	(%)	人口	(%)	商店数 特化係数	販売高 特化係数
北海道	458	(3.99)	42,719	(2.91)	5,726,184	(4.53)	0.88	0.64
東北	826	(7.20)	66,156	(4.51)	9,902,519	(7.83)	0.92	0.58
関東	3,906	(34.05)	526,185	(35.89)	39,930,870	(31.58)	1.08	1.14
甲信越	527	(4.59)	47,422	(3.23)	5,590,849	(4.42)	1.04	0.73
北陸	333	(2.90)	25,348	(1.73)	3,138,520	(2.48)	1.17	0.70
中部	1,645	(14.34)	246,639	(16.82)	14,656,651	(11.59)	1.24	1.45
近畿	1,800	(15.69)	258,469	(17.63)	20,617,617	(16.31)	0.96	1.08
中国	637	(5.55)	119,360	(8.14)	7,781,572	(6.16)	0.90	1.32
四国	300	(2.62)	22,851	(1.56)	4,220,053	(3.34)	0.78	0.47
九州	1,038	(9.05)	110,866	(7.56)	14,858,823	(11.75)	0.77	0.64
合計	11,470	100.00	1,466,015	100.00	126,423,658	100.00	1.00	1.00

出典:1999 年『商業統計表』および住民基本台帳(1999 年 12 月末日現在)より外川作成.
注:( )内は対全国比.
　商店数特化係数とは,(その地域の「再生資源卸売業」商店数の対全国比)/(その地域の人口数対全国比)であり,
　販売高特化係数とは,(その地域の「再生資源卸売業」年間販売額の対全国比)/(その地域の人口数対全国比).
　なお,各地域を構成する都道府県は以下のとおり.
　北海道=北海道
　東北=青森,岩手,宮城,福島,秋田,山形
　関東=茨城,栃木,群馬,埼玉,千葉,東京,神奈川
　甲信越=新潟,長野,山梨
　北陸=富山,石川,福井
　中部=岐阜,静岡,愛知,三重
　近畿=滋賀,京都,大阪,兵庫,奈良,和歌山
　中国=鳥取,島根,岡山,広島,山口
　四国=徳島,香川,愛媛,高知
　九州=福岡,佐賀,長崎,熊本,大分,宮崎,鹿児島,沖縄

　表 12-1 は,地域別の「再生資源卸売業」の商店数,年間販売額および特化係数を示したものである.商店数・年間販売額ともに,関東が全国の 3 分の 1 を占め最も多く,以下近畿,中部の順であり 3 大都市圏への集中が観察された.一般に,再生資源は都市で排出される割合が高く,大都市圏への集中度合いが高くなることが推測される.実際に販売高特化係数が 1.0 以上であったのは,関東,中部,近畿,中国で,しかも関東地方が中部・近畿地方よりも低い特化係数となっている点に特徴がある[7].

　次に,「再生業」の一例として,「レンダリング業」の立地をみてみよう.と畜・食肉加工段階で発生する不可食部分(残さもしくは残さい)の処理方法とし

て，これら残さを引き取り，原料として飼料や肥料の材料を製造する事業は，「レンダリング」と呼ばれている．

　レンダリング業は伝統的に，動脈である「と畜場」や食物残さを多く生み出す「都市」に近接して立地していた．これは原料が腐らないうちにできるだけ迅速に輸送し，処理することにより，製品の価値を落とさないためである．このような原料の腐敗性が原料立地を指向することは，ウェーバーの工業立地論でも若干の言及がある．「利用単位と地方の自然状況のほか，第3に貨物の特性が差別化の原因になる．輸送の原価，したがって技術的・経済的意味の費用として，ここではとくに『かさ』の大小，すなわち重量に比して空間を必要とする程度，および『腐敗性』と『爆発性』が問題になる．……腐敗性と爆発性は貨物の積込みと輸送そのものにいっそうの慎重さを必要とすることにより，費用を高める．この2つの性質はトンあたりのキロメートル運賃を上昇させる．」(Weber 訳書，p. 44)．

　さて近年，生体の牛や豚が，酪農家からと畜場へ移送される間に死亡する事故が頻繁に観察され，問題視されるようになった．同時に冷凍技術の発展もあり，と畜場自体が都市から産地へ移動しはじめた．この結果レンダリング業の立地は，原料の依存先を産地であると畜場に求めるか，都市のデパート，スーパー，精肉店などの小売店に求めるかの2タイプに類型化できるようになった．しかし，都市立地型のレンダリング業は，多数の小口の集荷先をかかえているため，原料の収集運搬コストが産地型のそれを上回り，さらには悪臭公害問題に代表される環境問題も向かい風となっているなど，様々な側面からその経営が難しくなってきている．

エコタウン事業によるリサイクル事業の集積

　エコタウン事業とは，各地域におけるこれまでの産業集積を活かしながら，廃棄物の**ゼロエミッション**を目指した，環境産業振興を通じた地域開発政策である．2000年12月現在，全国12の承認地域があるが，とくに「北九州エコタウン事業」は，廃棄物リサイクルに関する①基礎研究から②技術開発，③事業化に至るまでの総合的な展開をキャッチフレーズに，①・②としては実証研究センター，③としては総合環境コンビナートおよび「響リサイクル団地」といった3つの柱をもち，その規模の大きさと先進性から注目を浴びている（表12-2）．

第 12 章　環境問題—リサイクル事業の立地（外川）　125

表 12-2　全国エコタウン承認地域における事業の概要と特性

地域	構想概要	地域特性
川崎市 (1997 年 7 月)	「ゼロエミッション工業団地」設置計画の一環として廃プラスチック事業を展開し，既存の廃棄物・リサイクル関連施設と有機的な連携を図る．	臨海部 工業コンビナート
長野県 飯田市 (1997 年 7 月)	「天竜峡エコバレープロジェクト」を展開．地域内で排出される廃棄物を燃料として，熱・電気を供給するエネルギーセンターや，リサイクル関連工場を誘致するゼロエミッション環境産業団地を整備．	小都市
岐阜県 (1997 年 7 月)	「地球環境村」構想を策定．ペットボトル，廃タイヤ，ゴムくずなどのリサイクル関連施設を設けるとともに，自然環境・展望広場，アスレチック広場，公園などを複合的に整備．	広域
北九州市 (1997 年 7 月)	響灘開発基本計画にあたり，環境産業の振興に，基礎研究から実証研究，事業化に至るまでの総合的な展開を図るため，「総合環境コンビナート」「実施研究エリア」「響リサイクル団地」の 3 事業を展開．同時に環境問題に関わる学術・研究都市構想をあわせもつ．	臨海部 工業コンビナート (大規模港湾)
福岡県 大牟田市 (1998 年 7 月)	低未利用地を活用した RDF 発電施設を計画．広域連携での RDF 収集ネットワークを形成．	臨海部 鉱業跡地
札幌市 (1998 年 9 月)	1996 年以降整備が進む産業廃棄物中心のリサイクル団地に，ペットボトル，廃プラスチックのリサイクル施設を新設．一般廃棄物をも対象としたリサイクル団地として拡充．	大都市の工業団地
千葉県 (1999 年 1 月)	千葉県西・中央地域（千葉県公害防止計画策定地域）をモデル地域とし，一般廃棄物焼却灰や汚泥をセメントに再生するエコセメント製造施設などを新設．	臨海部 工業コンビナート
秋田県 (1999 年 11 月)	県北地域（米代川流域地方拠点都市形成で指定された 18 市町村）で鉱山関連基盤を活用し，家電リサイクル事業を中核とした金属リサイクル事業，木材・農業・畜産業などから排出される廃棄物や天然資源を活用した資源循環型産業を創出．	広域 鉱業地域
宮城県 鶯沢町 (1999 年 11 月)	過疎地の地域住民，企業，行政のパートナーシップの形成を，リサイクルを核に見出す．同時に廃棄物の排出抑制やエネルギーの有効利用を図るまちづくり計画を策定．計画では住民公開を基本とし，家電リサイクル施設，リサイクル情報センター，リサイクル工房など関連施設を整備．	過疎地 鉱業地域
北海道 (2000 年 6 月)	容器包装リサイクル法，家電リサイクル法の施行に至り，非常に広域にわたる対象地域においていかにリサイクルを進めていくかに対応．	広域
広島県 (2000 年 12 月)	素材産業（鉄鋼・化学）を中心とした，地場産業がもつ環境技術・インフラを活用させた，循環型社会形成への取り組み．	臨海部 工業コンビナート
高知市 (2000 年 12 月)	桂浜をのぞむ優れた自然環境が残る浦戸湾沿岸を対象地域に，環境調和型まちづくりを推進．既存木材工業団地の有効利用．	臨海部
熊本県 水俣市 (2001 年 2 月)	水俣病の教訓を活かして，産官民の 3 者が一体となった資源循環型の地域造りに取り組む．水俣環境工業団地にリサイクル関連産業を集約する．中心となるのはガラス瓶の洗浄，再生工場．このほか家電リサイクルプラントも立地．	小都市
山口県 (2001 年 5 月)	山口県の既存産業，とくに化学，セメント，鉄鋼等の基礎素材産業の特色を活かし，これら産業のもつ基礎素材型産業を核としたゼロエミッション型の地域づくりを，産学官民の連携，協力の下推進．主要事業は，ごみ焼却灰のセメント原料化，廃プラスチックのガス化による化学工業原料リサイクル事業，ペットボトルのポリエステル製品原料化事業など．	臨海部 工業コンビナート

出典：『環境自治体』3-2, 2000 年, p. 15 および山口県環境調和型まちづくり推進研究会配布資料，九州通産局資料を参照しながら外川作成．

筆者は，この「北九州エコタウン」で，いわゆる**「集積の利益」**というものが観察できると考えている．それらは，①廃棄物のコンスタント，かつ大量収集のためのハードおよびソフトのインフラを求めての集積，②最終処分場の確保とその安定した運営という，ハードおよびソフトのインフラを求めての集積，③迷惑施設的側面をもつ静脈産業の新規立地の際，当該自治体および周辺住民を説得する際の取引費用（transaction cost）の節約を求めての集積，④北九州エコタウンに進出することにより，企業の知名度を上げるという広告・宣伝費用の節約を求めての集積，⑤静脈産業に代表される環境ビジネスに関する，様々な技術・情報を求めての集積の5つである．

　①から④はウェーバー工業立地論で想定されている，生産が一定の量において1つの場所に合一的に行なわれていることにより生ずる生産，または販売上の利益，すなわち低廉化＝費用節約を意識した上での列挙である．その中でも筆者が力説したいのは③に示した様々な取引費用の節約を期待しての北九州エコタウンへの集積である．「北九州エコタウン」の各施設は，最終処分場をはじめとする静脈産業の立地をめぐる紛争の多くが，有害廃棄物の周囲への環境や，周辺住民の健康への懸念が原因であることを考慮して，原則としてすべてを公開しており，地域に受け入れられる処分場・リサイクルビジネスを志向している．このような施設の公開と住民とのリスクコミュニケーションを，単独の企業で行うには相当の取引費用がかかる．このため「北九州エコタウン」では，市がそのコーディネート機能を発揮している．とくにビジネスとしてのリサイクルを成立させるには，ある程度の量の廃棄物を場合によっては広域的に持ちこむことが不可欠となる．一般に NIMBY（Not In My Backyard：処分場の必要性はわかるが，自分の近所に立地するのはご免だ）現象から説明されることだが，他地域の廃棄物の受け入れに関してはとくに，住民感情が敏感に作用する．実際，北九州市や関連企業は，「北九州エコタウン」のリサイクル事業立地に関する地元への説明と説得に，これまで10年以上にわたる日時を費やしてきたのである．

　なお，筆者の北九州エコタウンへの進出企業に対する聞き取り調査では，「全国的に有名な北九州エコタウンに進出することにより，環境産業としてのわが社の知名度があがる」というコメントが随所に見られたのが印象的であった．また，静脈産業を含むいわゆる環境ビジネスは，規制対応型のものが主であり，各種規制に対する行政との情報交換もビジネスの成立に向けた大きな鍵となろう．その

点でも，北九州市当局とのたびたびの「接触」という意味は大きい．また⑤の「集積の利益」は，ウェーバーのいう「費用の節約」を求めての集積ということに加えて，ビジネスチャンスを求めてのそれを想定している．とくに近年，集積ネットワークの本質として，個々の「フレキシブルな専門」能力をもったベンチャー的な企業が，連携・結合して，地域全体として累積的なイノベーションを生み出すという現象が，注目を浴びているが，ビジネスとしてのリサイクルにもその萌芽が観察されつつある．

　ところで，産業立地政策の中でも，環境との調和に留意した新たな立地施策の推進が求められている．ある工場から排出された産業廃棄物は，他の生産工程において主要な原材料として使用され，産業全体としてゼロエミッションが実現される，こうした「循環型社会」にふさわしい新しい「産業エコシステム」の必要性を強調する見解も提示されている（秋元耕一郎，1995）．そのためには，廃棄物の特性や発生状況に応じて，市町村，広域行政圏，広域経済圏など適正処理圏域を変えていく「重層的な廃棄物処理システム」の構築も必要になってくる．さらには，個別経済主体が個々の利益を求めて生産・立地を決定する現在のシステムと，我々が模索する環境調和型の生産・立地システムとの間の調整がどのように行われるべきかという，大きな課題も残されている．

注

1) ノルウェーの哲学者アルネ・ネスによって提唱された考え方で，すべての生命体が生態系の中で，自己実現のための平等な権利をもつという全生命体平等主義を想定し，多様性と共生の原理，脱中心性とそれぞれの地域の自律を主張している．一方，今までの環境保護の考え方は，つまるところ先進国に住む人々の健康と繁栄を意図しているだけの「シャロウ・エコロジー」だとして排している．なお，環境倫理思想の系譜については，鬼頭秀一（1996）などを参照．

2) 松原　宏は，資源・エネルギー，公害，環境問題の根源を，資本主義的生産関係に求める「生産関係重視のアプローチ」と，生産関係よりもむしろ今日の生産力の肥大化を問題視する「生産力問題視のアプローチ」とに分けて，既存研究を概観している（松原　宏，1986）．松原はとくに前者のアプローチとしてカップ（Kapp, K. W.）の社会的費用論を，後者のアプローチとしてマルサスに影響を受けたローマ・クラブの議論や，再生可能エネルギーの開発を目指すロビンズ（Robbins, A.）の「ソフトエネルギーパス」の議論，玉野井芳郎の「生命系のエコノミー」の議論などを紹介している．シューマッハ（Schuma-

cher, E. F.) の「スモール・イズ・ビューティフル」なども，この路線にあるといってよい．

3) 吉田文和（1980）の議論をもとに，筆者は「人間と自然のあいだの物質代謝」を人間の経済活動を主とした生命活動が大きく作用する，生態系内の物質およびエネルギー代謝と捉え，その撹乱を「生産活動に起因する直接的環境破壊」，「生産過程において発生した廃棄物によるもの」，「消費の過程で発生した廃棄物によるもの」の3つに類型化した．

4) 「自然と人間との関係」についての経済地理学の成果としては，川島哲郎による「自然的生産諸力」と「社会的生産諸力」に関する論考があげられる（川島哲郎，1952）．ここで川島は，社会的生産諸力こそが生産諸力の本質的側面であり，生産諸力の進展とともに自然的条件が相対的に後退し，局地性からの解放へと至る点を強調している．しかしながら，環境問題に関する経済地理学研究は，経済学・生態学・都市工学・土木工学などに比して立ち遅れているのが現状である．

5) エントロピー学派を代表するジョージェスク＝レーゲンは，自然科学の範疇にはない「熱力学第4法則」を提起した（Geogescu-Roegen, N., 1981）．つまり，エネルギーの不可逆性を意味する「熱力学第2法則」を物質にまで拡張し，物質の劣化を強調したのである．そして，われわれを脅かす増殖原理は，低エントロピー資源の大量消費と，消費の際に環境に捨てられる高エントロピーの廃熱・廃棄物であると指摘している．このうち熱に関しては，地球がエネルギーに関しては開放系であるために，ある程度宇宙へ排出することが可能であるが，廃棄物は地球に残留せざるをえない，完全な物質のリサイクルは不可能だとして，リサイクルの万能性への信仰に対して警鐘を鳴らしている．

6) たとえば「容器包装リサイクル法」では，市町村には分別収集という責務は残るものの，消費者には分別排出，そして何よりも事業者にはリサイクルの責任といった「拡大生産者責任」が課せられたため，地方自治体のごみ処理コストが削減されると想定された．しかし，自治体のごみ処理費用の削減は，現実のものとなっていない．第1に自治体の責務である分別収集のコストがやはり高かったこと，第2に現在の容器包装リサイクルシステムが，飲料メーカーに「リデュース」のインセンティブを惹起するシステムにはなっていないことが主な理由である．

7) 再生資源卸売業をより細かい分類に分け，地域別の特化係数（1997年『商業統計表』による計算）をみてみると，関東の販売高特化係数は，古紙卸売業で1.25と最も高くなっているものの，空瓶・空缶等空容器卸売業と鉄スクラップ卸売業ではそれぞれ0.58，0.67で，近畿や中部の値を大幅に下回っている．

[演習問題]

1　「循環型社会」にふさわしい環境調和型の産業立地とはどのようなものだろうか，考えてみよう．

2 廃棄物処理やリサイクルについての具体的事例を探し出し，どのような仕組みで実際に行われているか，空間的スケールや実施主体，金銭的な負担額などを調べてみよう．

[入門文献]
1 外川健一（2001）『自動車とリサイクル』日刊自動車新聞社．
2 植田和弘（1996）『環境経済学』岩波書店．
3 細田衛士（1999）『グッズとバッズの経済学』東洋経済新報社．
4 玉野井芳郎（1982）『生命系のエコノミー』新評論．
5 酒井伸一・森　千里・植田和弘・大塚　直（2000）『循環型社会　科学と政策』有斐閣．

1は，環境問題・リサイクルに対する経済地理学からのアプローチを示した著書．2は，環境経済学全般に関する教科書．3はとくに廃棄物・リサイクルの経済学に焦点をあてている．4は，エントロピー概念を中心に，経済社会のあり方を論じた書．5は，循環型社会とはどのような社会かを検討した書．

第 13 章　福祉政策
　　——公共施設の立地・配分モデル

　　　　　　　　　　　　　　　　　　　　石﨑研二

身近な施設立地問題

　ある仮想的な事例について考えてみよう．①夫婦共働きで都心に就業するAさんは，通勤途中で子どもを保育所に預けなければならない．開所時間内に送迎することができる保育所はどこにあったらいいと思うだろうか．②Bさんの住む都心では，少子化によって小中学校の統廃合が相次ぎ，跡地利用が問題となっている．図書館や医療施設，福祉施設などを一体化した公共施設を建てるには，どの跡地を利用すべきだろうか．③近頃，合併によって新しく生まれた市に住むCさんにとって，今回の合併は複雑な気持ちだ．なぜなら，隣接する市との境界がなくなったことで，住民票などを取りに行く市役所の出張所は以前より近くなったのだが，囲碁打ちを楽しんでいた近くの公民館が施設の再編で閉鎖したのである．④静かな居住環境を求めて郊外に移り住んだDさんの家の近くに，深夜営業するディスカウント・ストアが進出した．Dさんの家を訪ねる友人は便利になったと言うが，Dさん本人は車の騒音やごみ問題などでいい顔をしない．

　このように私たちの生活は，さまざまな施設の立地と無関係ではない．今日，高齢者に対する在宅サービスや，医療政策における脱施設化など，施設収容に限定しない福祉政策が推進されつつある．しかし，入所施設に限らず，保育所などの通所施設，老人福祉センターなどの利用施設のように，私たちは多くの社会福祉施設が供給する財・サービスに依存している．財・サービスを享受するために，私たちは社会福祉活動の主たる担い手である公共施設に赴き，場合によっては，施設からの派遣を受けることもある．その際，どの施設を利用するか，あるいは利用できるかは，施設がどこに立地するか，施設の管轄範囲（**サービス圏**）はどこまでなのかに左右される．

　様々な社会福祉を実践する公共施設の立地・サービス圏の計画に関わる政策は，わたしたちの「生活の質」がどのように保証されるかという意味において，身

地点	総移動距離の計算	計
1	0+1+1+2+3+5+4+5+5+5	31
2	1+0+1+1+4+5+4+4+5+5	30
3	1+1+0+1+3+4+3+4+4+4	25
4	2+1+1+0+4+4+3+3+4+4	26
5	3+4+3+4+0+3+4+7+4+5	37
6	5+5+4+4+3+0+1+4+1+2	29
7	4+4+3+3+4+1+0+3+1+1	㉔
8	5+4+4+3+7+4+3+0+3+2	35
9	5+5+4+4+4+1+1+3+0+1	28
10	5+5+4+4+5+2+1+2+1+0	29

※総移動距離は1〜10の各地点からの最短距離を合算している。ただし、自地点間の距離は0とする

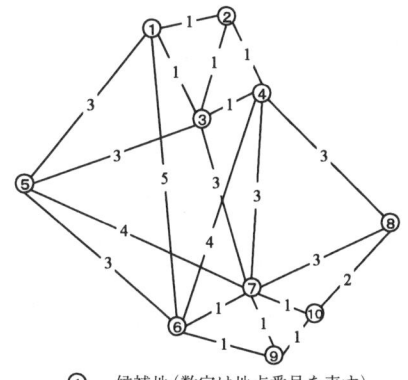

① 候補地(数字は地点番号を表す)
—3— 道路網(数字は距離を表す)

図 13-1 施設立地問題の例
出典:ReVelle, C. S. and Swain, R. W. (1970) Central Facilities Location. *Geographical Analysis* 2, pp. 30-42 をもとに、石﨑がサンプルデータを作成。ただし、道路の距離は直線の長さとは異なる。

近で重要な関心事の1つである。本章では、こうした**施設立地問題**において施設の立地やサービス圏を操作的に決定しうる、立地・配分モデルについて概観したい。

施設立地問題とは?

施設を立地させるということは、小中学校の跡地のようないくつかの候補地の中から、施設のサービス圏を設定しつつ、何らかの評価指標に基づいて立地点を選択することである。

仮に10の候補地があり1つの施設を立地させる場合について考えてみよう(図13-1)。候補地は住宅地でもあり各地点には同じ数の住民が住み、住民は**最短経路**で最も近い施設を利用すると仮定する。住民の利便性を考慮して、すべての住民が施設まで移動する距離をできるだけ少なくしたい。つまり、各地点から施設までの総移動距離を最小化することを施設立地の評価指標とする。1から10までの各地点に施設を立地させた場合について、それぞれ総移動距離を求めると、最も値が小さいのは地点7に立地させたときである(図13-1の表中の○印が最小値)。

このように施設数が1つの場合は、問題は比較的単純であるが、複数の施設を

同時に立地させる場合は複雑となる．例えば，2つの施設立地問題を想定すると，仮に地点3と地点7に立地させた場合と，地点3と地点5に立地させた場合とでは，各地点から最も近い施設が異なってくる．つまり，前者と後者では同じ地点3の施設でもサービス圏が異なるし，各施設への移動距離を合算した総移動距離の値も異なるのである．

したがって，複数の施設を同時に立地させる場合は，さまざまな施設立地パターンの組合せから，各々のサービス圏を設定し，全体として評価指標が最適となる組合せを考える必要がある．たとえば，10の候補地に3つの施設を立地させる場合，すべての組合せの数は $_{10}C_3 = 120$ 通りとなる．さらに多くの候補地に多数の施設を立地させる場合を想定すると，組合せの数は爆発的に増えることが予想され，1つ1つの組合せの中から最適な立地を選択するには，いかに高速なコンピュータを用いても天文学的な時間がかかる．

こうした多くの組合せの中から最適な解を選択する問題は，「**組合せ最適化**」と呼ばれ（久保幹雄・松井知己，1999），いくつかの**制約条件式**と**目的関数**で構成される数理計画問題として定義される．上記の例の場合，総移動距離最小化を目的関数とし，施設数や住民の施設利用行動に関する制約条件式からなる問題として定義できる．数理計画問題を解くためには，線形計画問題に対するシンプレックス法や内点法，非線形計画問題に対するニュートン法，さらに近年の遺伝的アルゴリズムを用いた解法などの，効率的に解を求める方法が用いられる[1]．

立地・配分モデルとは，主に施設の立地評価に際して，何らかの評価指標を最適化する目的関数と，施設数やサービス圏などに関する制約条件式を設定して，施設の立地点（立地）とサービス圏（配分）を内生的かつ同時に決定する数理計画問題なのである．

立地・配分モデルの構築方法

モデルを構築するためには，まず，施設立地が適切かどうかを評価する評価指標を特定しなければならない．表13-1には様々な評価指標が示されており，施設の特性に応じて，公平性を重視するもの（例えば，最大利用距離や地域間格差率）や，効率性を重視するもの（例えば，平均利用距離や施設数）などに分かれる．

典型的なモデルとしては，施設を利用する住民の総移動距離を最小化する「メ

第 13 章　福祉政策—公共施設の立地・配分モデル（石﨑）

表 13-1　施設立地に用いられる様々な評価指標

指標名	定義	対象施設
総利用者数	当該地域における利用者の総数	なるべく多くの人に利用されるべき施設
平均利用距離	利用者の利用距離の平均値	施設全体
最大利用距離	利用者の最近隣距離で最大のもの	救急施設など
累積値利用距離	利用距離の累積頻度のある値における距離値	全人口を基準内でカバーできないもの
満足圏人口	満足圏に居住する人口	利便性が重要なもの
満足者数	利用距離を満足と評価している利用者の数	利用距離によって評価が異なる施設
重複圏人口	2施設以上の満足圏に含まれる地域人口	待ちが生じる施設
施設間格差率	施設間の利用者数の格差を表わすもの	施設が群として存在しているもの
地域間格差率	地域の利用者数の格差を表わすもの	なるべく利用水準を等しくすべきもの
最小地域利用率	地域利用率のなかで最小のもの	採算性が重要な施設
最小施設利用率	施設利用率のなかで最小のもの	一定の利用水準が必要な施設
施設数	ある基準（平均利用距離等）を満たす施設数	予算に制約があるもの

出典：柏原士郎（1991），p. 128.

ディアン問題」（表 13-1 中の「平均利用距離」），施設まで最も遠く離れた住民の移動距離を最小化する「**センター問題**」（表 13-1 中の「最大利用距離」），施設から一定の距離圏に含まれる住民を多く被覆する「**カバー問題**」（表 13-1 中の「満足圏人口」）などがあげられる（石﨑研二，1994）．例えば図 13-1 の例の場合，1つの施設立地の最適解は，それぞれ「メディアン問題」が地点 7，「センター問題」が地点 3，4，7 のいずれか，一定の距離圏を 3 とする「カバー問題」は地点 7 となる．

　ただし，施設の中には必ずしも住民にとって望まれるとは限らないものもある．冒頭の事例④であげたような施設立地の場合，ある程度離れた住民には利便性の高い施設として受け入れられるが，近くに住む住民にとっては居住環境の悪化という被害を被る．これは，「**正の外部性**」と「**負の外部性**」（Pinch 訳書，1990）が混在する事例であり，公共施設の中ではゴミ処理場などが相当する．こうした

施設立地問題は，例えば，施設から一定距離内の居住人口を最小化し，その外側の一定距離帯内の居住人口を最大化するカバー問題としてモデルを構築することが可能である．

また，事例②のように図書館や医療施設，福祉施設など複数の機能を有する施設立地の場合，単独の機能のみの施設と複数の機能の施設を同時に考慮する，階層的な施設立地問題として定義される．例えば，すべての住民の移動距離が少なくなるように立地する図書館と，ある一定の時間（距離）内に施設に到達しうる住民が多くなるように立地する医療施設などのように，各機能によって立地する際の評価指標が異なる場合，立地評価指標を複数設定し，さらに施設の階層性を制約条件式として組み込むモデルが必要となる．

次にモデル構築で留意すべき点は，サービス圏の設定に関する配分の方法についてである．事例③のように，行政境界という制約条件によって施設のサービス圏を強制的に画する場合としない場合では，住民の施設利用行動および施設の利便性は空間的に変化する．そして，コスト削減のために施設数を減らすような制約条件で施設再編した場合に住民が被る不利益と，境界撤廃がもたらす利便性との間にトレード・オフの関係が認められるならば，両者をどのように調整すべきか考慮する必要がある．サービス圏の設定や施設数の条件を様々に変えたとき，どの程度住民の利便性に影響を与えるかを評価する「感度分析」と呼ばれる方法で検討することも可能である[2]．

また，事例①では，施設を利用する際に自宅と施設の間の移動だけではなく，自宅から保育所，保育所から通勤先までの2段階の移動が仮定されている．こうした多目的トリップの仮定とともに，現実の利用可能施設は就業時間や通勤時間，保育所の開所時間との関係で決定されるため，送迎行動における時間の制約を加味した視点（宮澤　仁，1998）など，現実の住民の施設利用行動に照らし合わせたモデル構築が必要であろう．

立地論との接点

これまで公共施設の最適立地を解く方法として研究の蓄積が進んだ立地・配分モデルは，そもそも，その名の由来となるクーパーの論文（Cooper, L., 1963）で，ウェーバーの工業立地論を複数施設立地問題に拡張したモデルとして展開された．原料と製品の輸送費を最小化する工場立地問題は，施設利用住民の数を原

料と製品の重量に見立てた「メディアン問題」に相当し，近年では，工場の生産量にキャパシティがある場合の制約条件式を加えたモデルなどに精緻化されている．また，商業立地に関しては，直線上で展開されたホテリング（Hotelling, H., 1929）の競合立地問題について，需要最大化を目的関数として，図13-1のような点と線から構成される二次元のネットワーク空間で解いた事例（ReVelle, C. S., 1986）もある．

　立地論と立地・配分モデルとの接点で最も注目されるのは，中心地理論との関係である．先に述べた，複数の機能を有する施設の階層性を考慮したモデルは，もともと，クリスタラーの中心地理論（Christaller訳書，1969）の階層性に関する概念を，医療施設立地問題に適用したシュルツ（Schultz, G. P., 1970）の研究に端を発している．上位の中心地は下位の中心地が有する財・サービスをすべて保有するという条件は，クリスタラーの中心地理論特有のものであるが，現実には，例えば歯科以外のすべての医療機能を備えた総合病院，内科と外科のある地域病院，単独の歯科医院といった，施設の階層によって機能の包含関係が完全ではない場合がありうる．その際，階層性に関する理論の仮定緩和を考慮したモデルの構築が必要であり，より現実的な施設立地問題への援用が可能となろう．

　また，クリスタラーの中心地理論における**財の到達範囲**（の上限）の概念は，施設からの財・サービスが供給される範囲をあらかじめ設定した「カバー問題」と同等であり，今日の様々な施設立地モデルの礎として中心地理論を再評価することができる（石﨑研二，1995）．中心地理論における中心地と市場地域との関係は，公共施設と生活圏との関係に相当し，生活圏の構成を通じて福祉政策における地域計画が実践されるならば，中心地理論は福祉社会への空間整備（金田昌司，1981）を考える際に，1つの有用な理論となりうるであろう．例えば，ベルスキ・カラスカ（Belsky, E. and Karaska, G. J., 1990）は，様々な都市機能を配置する地域計画において，供給側の視点に基づく機能集積的なアプローチではなく，需要側の視点に立った階層的・分散的な機能配置を実現しうるという点で，中心地理論と立地・配分モデルとの接点に着目している．

福祉政策への応用に向けて

　古典的な立地論の多くは，農業的土地利用，工場の立地，都市の配置に関する1つの最適性を追求した理論と捉えることができる．農業立地論の場合は地代最

表 13-2 数理計画問題としてみた古典的立地論 (石﨑作成)

古典的立地論	目的関数	制約条件式
チューネンの農業立地論	地代最大化	1) 市場と各農家の分布は所与である 2) 各農家は1つの農業経営（あるいは作物）を採用する
ウェーバーの工業立地論	輸送費最小化	1) 原料供給地と市場の分布は所与である 2) 原料の供給量と市場の需要量は所与である
クリスタラーの中心地理論	カバー問題,中心地数最小化	1) 需要の分布は所与である（くまなく分布） 2) 住民はある財・サービスの入手の際に1つの中心地を選択する 3) 住民はすべての財・サービスを入手できる 4) 上位の中心地は下位の中心地の財・サービスをすべて保有する

大化，工業立地論の場合は輸送費最小化，中心地理論の場合は「カバー問題」あるいは中心地数最小化などであり，これらは数理計画問題として定義できる（表13-2）．そして，農業立地論を除いて最適な立地点を探索する立地論は，立地・配分モデルとして定式化可能であり，従来の立地論を現実空間上で検証しうる操作モデルを構築することができる．そして，理論の仮定緩和を図ることで，より現実的な立地モデルへの展開が可能であると考えられる．

　福祉政策の一環として，あるいは政策を具現する方法として施設立地問題が提起された場合，施設の立地に関する理論的基盤を従来の立地論に依拠し，応用的に現実の施設立地問題に援用することによって，立地論を政策的に応用することが可能と考えられる．立地・配分モデルはそのためのツールであり，政策実現のための有用な意思決定支援システムとして位置づけることができよう．

　現実の政策に立地・配分モデルを応用する際の留意点として，施設の種類に応じてどのような立地評価指標を採用するか，施設の階層性やサービス圏の設定，あるいは住民の利用行動をどのように仮定するかなどについて検討すべきであろう．従来の立地論を基盤としながらも，具体的な施設立地に際しては，付加すべき，あるいは緩和すべき目的関数や制約条件式について吟味する必要がある．例えば，中心地理論で前提とされている制約条件式（表13-2）は，**最近隣中心地利用仮説**に基づく中心地の市場地域（サービス圏）を画定する条件であるが，市町村の境界に捉われない広域行政の理念を敷衍するならば，緩和されるべき条件といえよう．例えば，利用可能施設が行政領域をまたがって複数選択可能であるような，複数の施設によるサービス圏の重複（表13-1の「重複圏人口」）を目的関数の中に積極的に取り入れるモデルの構築などが考えられる．

今後の応用的な実証研究に向けては，①施設立地評価の多様性を考慮した多目的計画法，②**GIS**（地理情報システム）の空間分析機能と補完的なモデル，③遺伝的アルゴリズムなどを用いた効率的な解法，などの適用が目下蓄積されるべき研究課題としてあげられよう．

①は，1つの評価指標に基づく施設立地ではなく，例えば「カバー問題」とサービス圏の重複を同時に考慮するような，複数の評価指標を目的関数に取り込むようなモデルである．その際，ある指標を最適化すると他の指標が最適解ではなくなるというように，すべての指標を同時に最適化する唯一の解（完全最適解と呼ぶ）は一般的に存在しない．したがって，各指標のバランスを取りながら複数存在する妥協解（**パレート最適解**と呼ぶ）の中から選択的に決定することになる．多目的計画法とはこうした評価指標の多様性に対処しうる現実的なモデルである．

②については，現実の施設立地問題では，候補地の選定作業，道路網の特性や交通手段の違いによる通過・横断可能性，施設を利用する住民属性など，詳細な空間情報が必要となる．その際，候補地を抽出するための重ね合わせ分析や最適経路探索分析など，GISの空間分析機能を用いることで，より現実的かつ精緻なモデルを構築することが可能である．

そして，モデルの複雑化に対処するために③の効率的な解法を適用することによって，速やかに最適な施設立地を探索し，対話的かつ実践的に政策を意思決定支援することが可能と考えられる．

注

1) シンプレックス法や内点法は，すべての制約条件式を満たす解の集合（実行可能領域と呼ぶ）の中から目的関数を最適化する解を効率的にたどる方法である．実行可能領域の外側をたどって最適解に到るのがシンプレックス法，実行可能領域の内部を通って最適解に収束するのが内点法である．また，目的関数などが非線形の場合に関数を微分して適当な初期値から最適解を探索するのがニュートン法である．さらに，生物進化のメカニズムをシミュレートする遺伝的アルゴリズムの応用によって，従来の解法では困難な問題について効率的に解くことが可能になりつつある．

2) 「感度分析」とは，求めた最適解からデータや制約条件式などの定数を微妙に変化させたときに，目的関数の値がどのように変動するかを分析する方法である．これによって，求めた施設立地の最適解としての安定性や，代替案について考察することが可能である．

[演習問題]

1　人々の福祉の最大化を立地原理とした場合，これまでの立地論はどのような点で修正を必要とするだろうか．修正すべき点，付加すべき点を考えて，具体的な目的関数，制約条件式を設定してみよう．

2　タウンページなどの情報をもとに，役所の出張所や医療施設など，公共施設の立地を地図上にプロットし，分布の特徴と各施設への住民の利便性について比較してみよう．施設は最適な立地といえるだろうか．

[入門文献]

1　金田昌司（1981）『福祉社会への地域計画』大明堂．
2　高阪宏行（1986）『地域経済分析—空間的効率性と平等性』高文堂出版社．
3　柏原士郎（1991）『地域施設計画論　立地モデルの手法と応用』鹿島出版会．
4　Pinch, S. (1985) *Cities and Services : The Geography of Collective Consumption*. London : Routledge and Kegan Paul. [ピンチ，S. 著，神谷浩夫訳（1990）『都市問題と公共サービス』古今書院]
5　Smith, D. M. (1979) *Where the Grass is Greener : Living in an Unequal World*. London : Penguin Books. [スミス，D. M. 著，竹内啓一監訳（1985）『不平等の地理学：みどりこきはいずこ』古今書院]

1は，ドイツを事例として福祉社会の観点から立地論の応用や地域計画における空間整備について解説した書．2は計量的手法や立地・配分モデルなどの解説とともに地域経済の基礎理論と地域計画についてわかりやすく解説した書．3は地域施設の分布の計量分析や立地計画について実証的に考察した専門書．4は都市における公共サービスの立地の諸問題について理論的・実証的に解説した書．5は貧困などの生活条件の地域的不平等の問題を取り上げた専門書．

終章　立地論の課題

松原　宏

　以上，第Ⅰ部では立地論の基礎として，チューネンの農業立地論，ウェーバーの工業立地論，クリスタラー・レッシュの中心地理論といった古典的立地論の解説を行うとともに，近年注目を集めているクルーグマンとポーターの見解を紹介した．また，第Ⅱ部では立地論の応用として，リストラクチャリング，グローバリゼーション，ローカリゼーション，流通革命，IT革命，環境問題，福祉政策といった現代的な諸課題に対する立地論の適用可能性を検討した．
　ここでは最後に，立地論の今後の課題を指摘しておきたい．

立地論の対象とアプローチの拡張

　第1に，立地論の創造的発展を図り，現代経済社会への適用可能性を拡張していくことがあげられる．現代立地論の展開にあたって，論者はとくに，寡占企業による複数事業所立地の論理をはじめ，寡占間競争下での立地論の発展が重要であると考えている．そのためには，第7章でふれた組織論的立地論の発展とともに，これまでの立地論で手薄であった**空間価格理論**についての検討が必要であると思われる[1]．
　チサム（Chisholm, M., 1966）は，空間的価格決定方式を，価格を移送費に応じて変化させるものと，引渡し価格を均一にするものとに分け，さらに前者を**工場渡し f. o. b.** [2]と**基点価格方式**に，後者を電力やガスなどのような特定地域均一のものと，全国均一のものとにそれぞれ分けている．
　このうち寡占企業による**空間的差別価格**の代表的事例としては，基点価格方式がある（図終-1）．P点を基点（例えばアメリカ北東部の製鉄都市ピッツバーグ），PBを基点価格，Qを他の**立地点**（例えばアメリカ南部の製鉄都市バーミングハム），QEを正常利潤を含めた実際の**生産費**とすると，ある地点の購入者が支払う価格はABCによって示され，この場合Xの右側ではQはABCとDEGの差

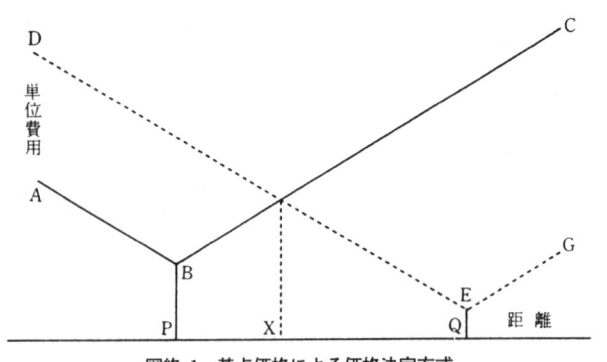

図終-1 基点価格による価格決定方式
出典：Chisholm, M. 1966, 訳書（1969）p. 185.

の分だけ「余剰利潤」を得ることが想定されるものの，消費者が支払わなければならない価格は，本来の非差別の f. o. b. 価格よりも高くなることを示している．こうした基点価格方式の立地への影響については，最小費用で中間製品が入手可能となる基点周辺に，機械工業などの関連工業が集積するものの，基点以外への関連工業の立地は不利になる点などが指摘されている[3]．

もっとも，イギリスや合衆国などのデータによると，f. o. b. よりも**均一引渡し価格**を採用する分野が多数になってきている（Chisholm, M., 1966；Greenhut, M. L., 1981）．こうした均一引き渡し価格がなぜ選択されるのか[4]，その水準がどのように決まるのか，立地に対していかなる影響を与えるのかについては，議論の余地があり，今後の研究の進展が期待されている．

立地論の対象として注目されるもう1つの課題は，国際的な立地論と地域的な産業集積の理論化を進めていくことである．グローバル・ローカル関係，多国籍企業の立地や国際的な地域統合，新産業地区など，現代的なテーマに関わる理論展開が求められているのである．このうち，産業集積の理論に関しては，ウェーバーやマーシャルの集積論，ポーターの産業クラスター論，スコットの新産業空間論など，本書でも詳しい紹介を行ってきた．これに対し，**多国籍企業の立地論**に関しては，最近になって多国籍企業論の論者が，立地や地域の問題を取り上げる機会が増え，多国籍企業の立地と産業集積との関係を論じた研究も表れている（松原　宏, 2000）．

例えば，多国籍企業研究の第1人者で，折衷理論で知られるダニング（Dun-

表終-1 多国籍企業の立地に影響を与える要因の変化

直接投資の類型	1970 年代	1990 年代
A 資源指向	1 自然資源の利用可能性・価格・質 2 資源開発・製品輸送関連インフラ 3 政府の規制 4 投資インセンティブ	1 資源の質向上などのローカルな機会 2 ローカルなパートナーの利用可能性（知識の向上，資本集約的資源開発）
B 市場指向	1 国内市場，隣接地域市場 2 実質賃金，原材料費用 3 輸送費，関税および非関税障壁 4 輸入許可の特権的アクセス	1 大規模・成長国内市場，広域経済圏 2 熟練・専門労働の利用可能性と価格 3 関係企業の存在と競争 4 インフラの質と制度的制限 5 集積経済，地方サービス支援施設 6 受入国政府のマクロ経済政策 7 知識集約部門ユーザーへの近接性 8 地方開発公社による誘致活動
C 効率志向	1 製造費用 2 中間・最終製品の貿易自由度 3 集積経済の存在（輸出加工区など） 4 投資インセンティブ	1 上記 B の 2, 3, 4, 5, 7 2 教育・訓練などの政府の役割 3 空間クラスターの利用可能性
D 戦略的資産指向	1 知識関連資産の利用可能性と価格 2 資産取得に関わる制度的難易度	1 知識基盤資産の地理的分散への対応 2 シナジー資産の価格と利用可能性 3 ローカル化した暗黙知の交換機会 4 異なる文化・制度・嗜好への接近

出典：Dunning, J. H. (1998) p. 53 の表 1 をもとに，松原作成．

ning, J. H., 1998)は，多国籍企業の立地に影響を与える要因の変化をまとめている（表終-1）．そこでは海外直接投資のタイプが，資源指向，市場指向，効率指向，戦略的資産指向の 4 類型に分けられ，それぞれに対応した要因があげられている．1970 年代においては，輸送費や製造費用，政府の規制やインセンティブなどが重視されていたのに対し，90 年代になると専門労働や関連企業，暗黙知など，空間集積に関わる諸側面が注目されてきていることがわかる．

ところで，このように立地論の対象を広げていくとともに，**取引費用論**など制度的なアプローチや，社会的関係を重視する**社会経済学**のアプローチ，「**経路依存性**」などを指摘する進化論的アプローチなど，新たなアプローチを積極的に取り入れていくことも必要である[5]．

立地因子の議論において，ウェーバーは輸送費と労働費に注目したが，企業間関係や企業組織を対象とした立地論の展開にあたっては，取引費用のような新たな費用概念を立地理論の構築にどのように取り入れていったらよいか，こうした

点の検討が重要となる.

　また,チューネンやレッシュの立地論では均質空間を前提としていたが,制度や文化の違いによって差異化した市場空間を対象とした場合には,市場空間の仕切りや企業の立地点は多くなり,企業間の立地競争の世界はより複雑になると考えられる.もっとも,交通・通信革命によって,距離の制約や空間克服の困難性が低下し,輸送費のもつ意味合いが薄れてきた現在,産業の立地が前提とする空間は,全体としては均質空間に近づいているとみることもできる.しかしながら,そうした地域差のない世界が広がれば広がるほど,改めて場所の差異が重要となってくる,そうした局面も無視することができない.しかもそうした差異は,経済的要因よりもむしろ,社会的・文化的・制度的要因によって規定されることが多く,それらは地域限定的,場所固着的であることが多い.「制度的厚み」の違いが,そこに立地する企業に特別の利潤をもたらし,そうした差異が技術革新や自由競争によって解消しえないとすれば,そうした限定された空間が新たな集積地点として,グローバル化した経済空間の中で重要な意味をもつようになるだろう.経済地理学の「**制度的転回**」については,さまざまなアプローチが指摘されているが[6],そうした制度あるいはまた文化的側面を考慮した立地論の議論も必要になってきているのである.

立地論の体系化

　立地論の対象やアプローチを多様化させていく一方で,立地論を体系化していくことも欠かせない.これまでにも,前提条件の制約を緩和していくものや,歴史的発展過程に対応させようとするものなど,古典的な立地論を統合する試みが,いくつか提示されてきた[7].ここでは,産業構造や主導産業の交代を考慮しつつ,地域構造の歴史的形成過程を立地論者の諸理論を通じて明らかにし,あわせて立地論の体系化を考える試みを提示することにしよう.

　第1段階は,資本主義が成立・発展する以前の基礎的地域構造が形成される段階である.産業構造の面では,農業が支配的な社会で,都市と農村との対立が地域間関係の機軸となっていた時期である.ここでは,**局地的市場圏**の形成と農村工業の成立・発展をレッシュの理論によって[8],また規模の異なる都市の配列をクリスタラーの理論によって,そして大都市を市場として同心円状に拡がる農業地帯構造をチューネンの理論によって,それぞれ説明することができよう(図序

-3を参照). ただし, レッシュ, クリスタラー, チューネンの各モデルを, いずれの順序で重ねていくかは, 経済発展の軌道をどのように想定するかによって異なってくると思われる[9]．

　第2段階は, 産業革命を通じて近代工業化が進み, 産業資本主義が確立し, 近代的地域構造が形成される段階である. 近代工業の成長経路は, 農村工業を核とするもの, 都市工業を核とするものなど, 必ずしも一様ではないが, 注目すべき変化は, 原料産出地に近代工業が牽引され, 新たな工業都市が急成長し, 工業地帯へと発展していく事態である. こうした事態は, まさにウェーバーがその工業立地論によって説明しようとしたものであり, 繊維に代わり主導産業となる鉄鋼業は, 市場と原料産地とでつくる**立地三角形**において, 原料産地, とりわけ石炭産地に立地し, 重化学工業地帯の核を形成していくのである．

　第3段階は, 自由競争に代わって寡占的大企業の市場支配が主要な産業部門で確立し, 現代的地域構造が形成される段階である. 主導産業が自動車や電機などの機械工業になり, 工業立地は原料地への拘束から解放され, 市場指向へと移っていき, 首都を中心とした大都市が工業立地点として成長してくる. むしろ, 工業に代わって本社や支社などの**中枢管理機能**の立地や**都市システム**が地域構造の重要な骨格をなすようになるが, これについてはクリスタラーもしくはプレッドの理論により説明が可能といえよう (図4-3参照). また, 首都などの大都市圏の内部では, 都心と郊外の分離がみられ, 都心から郊外にかけて同心円状に都市的土地利用が広がるようすは, チューネンの理論を応用した**都市内部土地利用理論**により明らかにされる (図1-4参照).

　ところで, 現代的地域構造をさらに詳しくみると, 1970年代以降, 新たな変化を見出すことができる. カステル (Castells, M., 1989) は, 1980年代以降の現代経済社会を「情報的発展様式」として捉え, 情報技術革命の下で, 高次意思決定中枢の集中と低次諸業務の分散が同時に進行していると指摘した. そして, それら組織諸単位を結ぶ情報フローを中心とした諸フローの空間を「**フローの空間**」と呼び, プレイスレスを特徴とする「フローの空間」の台頭により, 物理的な隣接性・連続性で把握される「**場の空間**」の意味が止揚されると論じた．

　また, ボワイエ (Boyer, R.) やリピエッツ (Lipietz, A.) などフランスの経済学者による**レギュラシオン理論**では, 生産性の上昇と賃金上昇を媒介として, 大量生産と大量消費の好循環が形成されていた第2次大戦後のフォーディズムが,

1970年代以降構造的危機を迎え，フレキシブルな労働編成を特色とするネオテーラー主義や変動の激しい多品種市場に対応したフレキシブルな生産システムなど，国民国家の特性に応じた多様なアフターフォーディズムの形態が摘出できるとしている[10]．

こうしたレギュラシオン理論の思考言語に依拠しながら，ハーヴェイ（Harvey, D., 1989）は，フォーディズムから「**フレキシブルな蓄積**」への移行を指摘し，その意味を論じている．こうした移行とともに，「時間―空間の圧縮」が急激に進んできたが，空間的障壁の崩壊は空間の重要性の低下を意味するものではなく，「フレキシブルな蓄積」の状況での空間変容として，ハーヴェイは，地理的な可動性と脱中心性，シリコンバレーやサードイタリーなどの「新しい産業集積」の出現，「世界都市」の台頭とグローバルな都市システムの再編成を指摘している．

このような現在起きている変化の局面を深く理解し，どのように説明することができるか，現代立地論の発展をふまえ，理論体系のさらなる発展を図っていくことが求められている．

立地政策への関与

第3に，**立地政策**に関わる議論を深め，現代立地論の成果や新たな立地政策論の成果を，現実の政策に反映させていくことも重要である．公共施設等の立地・配分モデルや環境問題を視野に入れた新たな立地・配置の考え方など，立地論が政策面で貢献できる可能性はますます大きくなっていくものと思われる．

西岡久雄（1968）は，立地的性格の共通性に基づいて産業類型を設定し，類型産業ごとに考察する産業類型別政策論と，**問題地域類型別政策論**とに立地政策を分け，さらに後者を，後進地域の経済開発，不況＝失業多発地域の経済安定，過密地域の経済発展の調節に細分化している[11]．より具体的な立地政策手段としては，後進地域の経済開発や不況地域の経済安定に関しては，成長産業の立地誘導が，また過密地域の経済発展の調整に関しては，立地規制が代表的なものといえよう．

立地規制については，過密問題の緩和・解消を目的としたもの以外に，各種の環境問題に関わる規制や，多国籍企業の工場移転や閉鎖に対する規制など，新しい局面に注目していく必要があるが，ここでは，主に立地誘導について，理論的

な見解をみていこう．

第1に，立地誘導にあたっては，土地の提供や固定資産税など税金の減免措置，各種インフラストラクチャの整備など，立地条件の人為的改変が重要となる．ベール（Bale, J., 1981）は，行政による投資助成金の効果を，スミス（Smith, D. M.）の立地モデルに組み入れる図を描いている（図終-2）．図は，助成金の支給によって，空間費用曲線が空間収入曲線の下方へ押し下げられ，空間的限界よりも外側に位置していた地域ABが，立地可能な地域へと転化したことを示している．

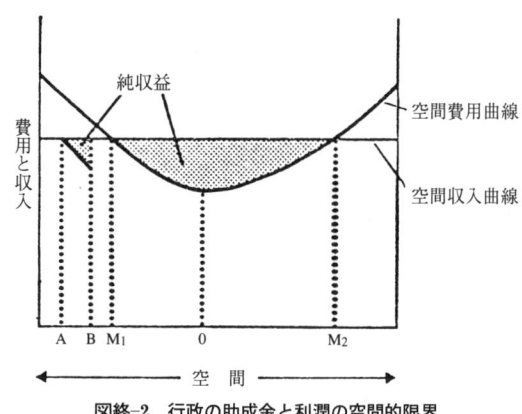

図終-2　行政の助成金と利潤の空間的限界
出典：Bale, J. 1981, 訳書（1984）p. 123.

第2に，立地誘導にあたっては，雇用の増加や関連産業の発達をもたらす乗数効果の大きな産業を立地させることが重要となる．この点については，ペルー（Perroux, F., 1955；1988）の**「成長の極」理論**が参考になる[12]．「成長の極」理論では，推進力工業の立地とその誘導効果が強調されるが，推進力工業とは，成長率が高く，影響力の非常に大きい産業部門（必ずしも工業に限らない）を指し，そうした推進力工業が規模の内部経済を実現することにより，他産業に対して費用削減効果を発揮し，他産業を牽引し，外部経済を創出していくとしている．また，工業複合体の形成を重視している点も特徴的であり，そこでは基軸工業の成長や寡占的な競争による活力の創出，地域的な異業種集積のメリットが指摘されている．

第3に，立地誘導地域・「成長の極」を，国土空間のいかなる位置に創出していくかが問題になる．フリードマン（Friedmann. J., 1966）は，こうした「成長の極」の分散的配置によって，多極分散型の国土空間が形成される過程を図示している（図終-3）．第1段階は，独立した地域中心が分立している前産業段階の状況を示している．第2段階は初期工業化の段階で，工業化の中心に周辺から労働力などが集められ，中心・周辺関係が形成されている．経済発展が進んだ第3

第 1 段階

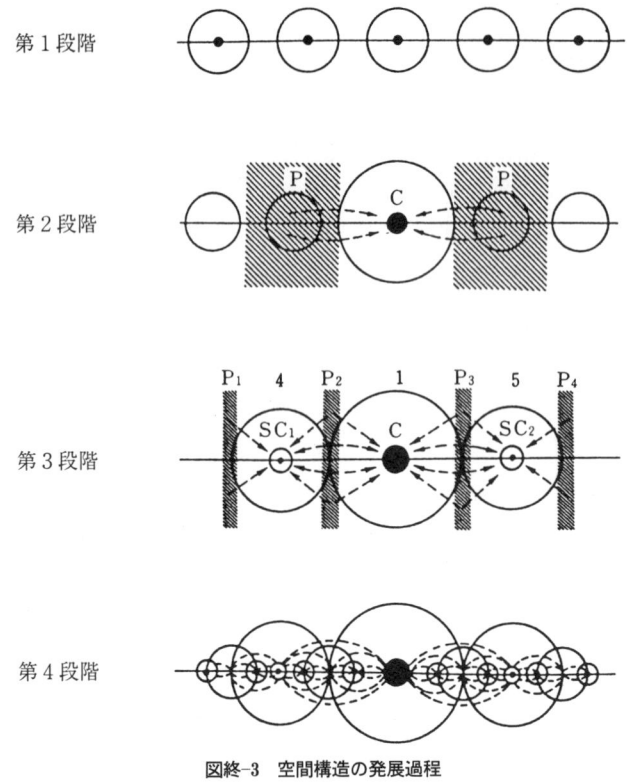

第 2 段階

第 3 段階

第 4 段階

図終-3　空間構造の発展過程
注：C は中心，P は周辺，SC はサブセンターを示す．
出典：Friedmann, J. (1966) p. 36.

段階になると，周辺の核となる地点に「成長の極」が政策的に創出され，中心や新たな周辺との各種のフローを通じて，サブセンター（SC_1, SC_2）が形成される．さらに発展した段階が第 4 段階であり，機能的に独立した中心地を起点とした交流関係が活発となり，多極分散型の地域システムが形成される状況となっている．こうした発展段階は，理念的で楽観的すぎるが，「成長の極」の政策的配置によって，多極分散型のシステムが形成されてくる可能性を示している．

　ところで，立地政策は，広い意味での地域政策の一部をなすものと考えることができる．地域政策はしばしば，その目的により成長政策的なものと福祉政策的なものとに，またその手法により企業誘致を通じた外来型発展と地域の資源を活かした内発的発展とに大きく分けられるが，そうした区分に対応させると，これ

まで紹介してきた諸説は，外来型発展による成長政策的な立地政策に関するものといえる．しかしながら，資本主義経済の成熟化とグローバル化，ケインズ流の福祉政策の後退を特徴とする現代経済社会における立地政策は，成長政策と福祉政策，外来型発展と内発的発展とを対立的に捉えるものよりもむしろ，それぞれの要素をあわせもったものに変わりつつあるように思われる．こうした「第3の立地政策」を実現するものとして近年注目を集めているものが，**新しい産業集積**の形成である．なかでも，ポーターの「産業クラスター」論をベースとした国際競争力のある産業集積の形成は，多くの地域における戦略的課題になっている[13]．こうした産業集積の議論は，かつての「成長の極」理論と類似した点も少なくないが，産業連関の技術的側面や規模の経済の効果にとどまらず，生産性やイノベーション，社会的・文化的要素を強調し，政府の規制や介入を避けようとしている点を重要な特徴としている．集積の理論自体と同様に，立地政策としての「新しい産業集積」論も，今後の課題の中心をなすものということができよう．

以上，本章では，立地論の対象とアプローチの拡張，立地論の体系化，立地政策への関与といった3点にわたり，立地論の理論・政策両面での課題を中心に述べてきた．立地の実態分析に関する課題をあげる紙数は尽きてしまったが，本書の冒頭に記したように，現実の立地をみつめ考えていくことに立地論の魅力があり，そこにこそ立地論が発展していく原動力があるといえるのである．

注
1) ウェーバーをはじめとして多くの立地論者たちは，価格を所与としてそれぞれの立地理論を展開してきた．パランダーやレッシュ，フーバーらの研究においては，価格設定方式の立地への影響や空間的差別価格の立地への影響などの問題が扱われているが，どちらかといえば特殊事例として，部分的に取り上げられるにとどまっていた．こうした問題を本格的に論じているのは，チサムとスミス（Smith, D. M., 1971）である．詳しくは，松原　宏（1991）を参照．
2) free on board（積み込み渡し）の略．購入者の支払う価格は，工場で決められた製品価格に工場からの輸送費を加えたものとなる．
3) 詳しくは，スミス（Smith, D. M., 1971）や太田　勝（1988）を参照のこと．なお，この基点価格制度は，1924年にアメリカ連邦取引委員会によって放棄を命じられ，多数基準点制に移行した．

4) 均一引き渡し価格が採用される理由として，チサムは管理上の節約のほうが輸送費の増加よりも重要となってきていること，販売促進の効果などを，またノーマン (Norman, G., 1981) は，独占もしくは寡占市場において，利潤最大化原則よりも売上高最大を目的とする場合には，均一価格制度が最適であると指摘している．このほか，空間的価格方式の決定要因としては，市場における企業間の競争状況，輸送費の大小などの製品特性，独占禁止法などの法的規制，国土の広さなどの諸点があげられよう．

5) 水野真彦 (1999) は，新制度派経済学としてウィリアムソン (Williamson, O. E., 1975)，社会経済学の "embeddedness" アプローチとしてグラノヴェッター (Granovetter, M., 1985)，進化経済学としてネルソン・ウィンター (Nelson, R. and Winter, S., 1982) の研究を代表的なものとしてあげている．

6) Martin, R. (2000) は，①取引費用を削減し経済的効率性を増大させる点に力点を置く合理的選択アプローチ，②経済が社会に埋め込まれている点を強調する社会学的アプローチ，③進化経済学やレギュラシオン理論を含む歴史的アプローチの3つに制度的分析を分けて，紹介をしている．

7) Dicken, P. and Lloyd, P. E. (1990) は，同質の等方性空間からスタートし，原料，資本，労働などの生産諸要素の地域差を順次導入する形で立地論を説明している．そこでは，レッシュ，クリスタラー，チューネン，ウェーバーの順で，それぞれの立地論者のモデルが登場する．

　柳井雅人 (1997) は，生産様式の歴史的発展方向に対応した地域構造の変遷を，各生産様式における主導工業の立地形態を説明する立地モデルをもとに説明している．すなわち，小営業・単純協業段階においてはレッシュ型，マニュファクチュア段階においてはクリスタラー型，産業資本主義段階においてはウェーバー型，独占資本主義成立段階および現代資本主義段階においてはグリーンハット型（現代資本主義段階ではマッシィ型が加わる）の立地パターンがそれぞれ卓越すると指摘している．

8) 大塚久雄 (1969) は，中世末期のイギリスにおける「封建制危機」の下で，農村地帯のあちらこちらに，農民と入り交じって各種の手工業者たちが定住し，その中心には市場が立ち，こうして大きくとも数カ村程度の規模で，多かれ少なかれ自給自足への傾向を示す一種の商品経済に基づく独自の再生産圏が登場してきた点を捉え，これを「局地的市場圏」と呼んだ．こうした農村工業の出現と市場圏の設定は，レッシュの著書の第2編「経済地域」の議論によって理論的に説明されると思われる．なお大塚は，中世都市における「前期的資本」（商人）の活動と，農村地域における農民・手工業者による「局地的市場圏」の形成を対比し，後者を資本主義発展の起点と位置づけたが，最近では「都市」と「農村」を対立的に捉えるのではなく，地域の中での両者の関係を具体的に明らかにしようとする研究が増えている．こうした点の学説史は，馬場　哲・小野塚知二 (2001) で整理されている．

9) 中世都市の分布（クリスタラー体系）を歴史的前提とするか，「局地的市場圏」から「地域的市場圏」への拡大と大都市の形成（レッシュからクリスタラーへの展開）を理論的に説明するか，あるいはまたアイザード（Isard, W. 1956）が指摘しているように，2つの孤立した都市圏を想定したチューネンのモデルの上に，レッシュ体系を重ね，地域間交易と各都市地域間の専門化を導きだし，さらに資源分布の均等という仮定をゆるめることにより，ウェーバー理論の重要な要素を追加して取り入れるなど，いくつかの方法が考えられる．

10) レギュラシオン理論では，資本労働関係などの制度諸形態に注目し，それらの総体である調整様式と蓄積体制によって特徴づけられる発展様式を明らかにするという分析枠組みが提示されている．詳しくは，山田鋭夫（1994）を参照．

11) 西岡は，その上でこうした「地域別立地政策」を調整し統合する「地域構造的立地政策」の必要性を強調している．そのためには，「国民経済の根底に存在する地域構造の構成，形成，変動の論理と実態とを，統合的な立地論の観点から把握すること」が必要だとしている．なお，立地政策に関しては，西岡のほか，米花　稔（1961），村田喜代治（1962），Sweet, M. L.（1981）などの研究がある．

12) 成長の極は必ずしも空間的な特定地点を指すものではない．これに明確な空間的視点を入れた見解として成長中心地分析（growth center analysis）の発展がみられる．「成長の極」理論については，太田　勇（1973）や柳井雅人（1990）を参照されたい．

13) 「産業クラスター」の政策論的検討については，Enright, M. J.（2000）が詳しい．ヨーロッパでも，「革新の風土に関するヨーロッパ研究グループ」（GREMI）による政策提言（Ratti, R., Bramaniti, A. and Gordon, R., 1997），「地域的イノベーションシステム」の提起（Cooke, P. and Morgan, K., 1998）など，産業集積に関係した地域政策・立地政策の研究が盛んである．

［演習問題］

1　これまでに習った立地論の前提条件や問題設定，立地モデルの特徴をまとめてみよう．その上で，立地論の統合が可能かどうか，可能であるとしたら，どのように統合できるか，考えてみよう．

2　立地政策の具体的事例を取り上げ，その効果や問題点をあげてみよう．

［入門文献］

1　西岡久雄（1968）『経済立地の話』日経文庫．
2　Chisholm, M.（1966）*Geography and Economics*. London: G. Bell & Sons.［チサム著，村田喜代治訳（1969）『地域と経済理論』大明堂］
3　矢田俊文編（1990）『地域構造の理論』ミネルヴァ書房．

4 矢田俊文・松原　宏編（2000）『現代経済地理学－その潮流と地域構造論』ミネルヴァ書房.
5 Armstrong, H. W. and Taylor, J. (1993) *Regional Economics and Policy. Second edition.* Harvester Wheatsheaf.［アームストロング・テイラー著，坂下　昇監訳（1998）『地域経済学と地域政策』流通経済大学出版会］

1は，立地論の基礎と立地政策をわかりやすく解説した入門書．2は，空間価格理論についての記述が詳しい．3は，地域構造論の概説書であるとともに，立地論や開発経済論などの基礎理論が解説されている．4は，ハーヴェイやカステル，リピエッツなど，欧米での空間論・集積論等を解説した書．5は，地域政策の理論についての解説とイギリスの地域政策についての紹介が詳しい．

文献一覧

青木外志夫 (1951)「工業立地論」(佐藤　弘『経済地理』新紀元社) 185-382.
青野寿彦 (1986)「経済的中枢管理機能の地域構造の形成と変動」(川島哲郎編『経済地理学』朝倉書店) 168-195.
赤松　要 (1956)「わが国産業発展の雁行形態」『一橋論叢』36 (5): 68-80.
秋元耕一郎 (1995)「資源循環型地域システムの構築―セメント工業における産業廃棄物の原料およびエネルギー利用のシステム」『産業立地』34 (9): 18-28.
阿部和俊 (1991)『日本の都市体系研究』地人書房.
阿部和俊 (1996)『先進国の都市体系研究』地人書房.
安保哲夫ほか (1991)『アメリカに生きる日本的生産システム』東洋経済新報社.
安保哲夫編 (1994)『日本的経営・生産システムとアメリカ』ミネルヴァ書房.
荒井良雄 (1989)「コンビニエンス・チェーンの物流システム」『信州大学経済学論集』27: 19-43.
池澤裕和 (1994)「仙台市に立地する企業支店従業者の接触行動パターン」『地理学評論』67A: 461-482.
池本　清ほか (1981)『日本企業の多国籍的展開』有斐閣.
石﨑研二 (1992)「立地・配分モデルによるクリスタラー中心地理論の定式化の試み」『地理学評論』65A: 747-768.
石﨑研二 (1994)「立地―配分モデルとその展開―とくにモデルの構造に着目して」『人文地理』46: 604-627.
石﨑研二 (1995)「クリスタラーの中心地理論の配置原理に関する一考察―供給原理から一般化最大カバー問題へ」『地理学評論』68A: 579-602.
伊丹敬之・松島　茂・橘川武郎編 (1998)『産業集積の本質』有斐閣.
伊藤久秋 (1940)『地域の経済理論』叢文閣.
伊藤久秋 (1970)『ウェーバー工業立地論入門』大明堂.
井上一馬 (1999)『シリコンバレー戦国史』新潮選書.
今井賢一・金子郁容 (1988)『ネットワーク組織論』岩波書店.
植田和弘 (1996)『環境経済学』岩波書店.
上原征彦 (1999)『マーケティング戦略論』有斐閣.
江澤譲爾 (1954)『工業集積論』時潮社.
太田　勇 (1973)「英語文献を中心としてみた成長の極理論」『地理学評論』46: 684-693.
太田　勝 (1988)「基点価格制度の検討―US スチール会社のピッツバーグ・プラス制度」『経済地理学年報』34: 279-290.
大塚久雄 (1969)「資本主義発展の起点における市場構造―経済史からみた『地域』の問題」(『大塚久雄著作集』第5巻　岩波書店) 24-40.
大西　隆 (1992)『テレコミューティングが都市を変える』日経サイエンス社.
岡本義行 (1994)『イタリアの中小企業戦略』三田出版.

岡本義行 (1997)「知識集約型産業集積の比較分析」(清成忠男・橋本寿朗編『日本型産業集積の未来像』日本経済新聞社) 119-158.
奥野隆史・高橋重雄・根田克彦 (1999)『商業地理学入門』東洋書林.
柏原士郎 (1991)『地域施設計画論　立地モデルの手法と応用』鹿島出版会.
春日茂男 (1982)『立地の理論 (上・下)』大明堂.
春日茂男 (1986)『経済地理学の生成』地人書房.
春日茂男・藤森　勉編 (1991)『人文地理ゼミナール　新訂　経済地理 II 工業』大明堂.
加藤和暢 (1990)「農業地帯と過疎問題」(矢田俊文編『地域構造の理論』ミネルヴァ書房) 169-179.
加藤和暢 (2000)「M. ポーター―国と地域の競争優位」(矢田俊文・松原　宏編『現代経済地理学』ミネルヴァ書房) 240-259.
加藤三郎 (2000)「循環型社会とはどんな社会か」『月刊地方分権』18: 16-19.
金田昌司 (1971)『経済立地と土地利用』新評論.
金田昌司 (1981)『福祉社会への地域計画』大明堂.
川島哲郎 (1952)「自然的生産諸力について―ウィットフォーゲル批判によせて」『経済学年報 (大阪市立大学)』2: 59-95.
川西正鑑 (1939)『工業立地の研究』日本評論社.
菊田太郎 (1933)『生産立地論大要』古今書院.
北村嘉行・寺阪昭信・富田和暁編 (1989)『情報化社会の地域構造』大明堂.
鬼頭秀一 (1996)『自然保護を問いなおす』ちくま新書.
清成忠男・橋本寿朗編 (1997)『日本型産業集積の未来像』日本経済新聞社.
久保幹雄・松井知己 (1999)『組合せ最適化「短編集」』朝倉書店.
クリーンジャパンセンター編 (1993)『最新リサイクルキーワード　第 2 版』経済調査会.
国松久弥 (1971)『都市地域構造の理論』古今書院.
国松久弥 (1979)『経済地理学説史』古今書院.
高阪宏行 (1986)『地域経済分析―空間的効率性と平等性』高文堂出版社.
国土庁計画・調整局監修，オフィス分散研究会編 (1989)『脱東京戦略―オフィスの地方立地』ぎょうせい.
国土庁大都市圏整備局編 (1995)『21 世紀の新たな首都圏の創造』大蔵省印刷局.
小島　清 (1985)『日本の海外直接投資』文眞堂.
小杉　毅・辻　悟一編 (1997)『日本の産業構造と地域経済』大明堂.
近藤康男 (1974)『チウネン孤立国の研究』(近藤康男著作集第 1 巻) 農山漁村文化協会.
酒井伸一・森　千里・植田和弘・大塚　直 (2000)『循環型社会　科学と政策』有斐閣.
坂本英夫 (1990)『農業経済地理』古今書院.
佐々木公明・文　世一 (2000)『都市経済学の基礎』有斐閣.
佐々木＝スミス＝峰子 (2000)『インターネットの経済学』東洋経済新報社.
週刊ダイヤモンド編集部・ダイヤモンド＝ハーバード＝ビジネス編集部共編 (1997)『複雑系の経済学：入門と実践』ダイヤモンド社.
進化経済学会編 (1998)『進化経済学とは何か』有斐閣.
杉浦芳夫 (1996)「幾何学の帝国：わが国における中心地理論受容前後」『地理学評論』69 A: 857-878.

鈴木洋太郎（1994）『多国籍企業の立地と世界経済』大明堂.
鈴木洋太郎（1999）『産業立地のグローバル化』大明堂.
鈴木洋太郎・中川万喜子・桜井靖久（1999）「産業活動の地理的変化についての理論的一考察―ヴァーノンの産業立地研究」『経営研究』50（1/2）: 209-230.
鈴木洋太郎（2000a）「企業の立地行動と産業集積についての理論的一考察」『経営研究』51（2）: 19-34.
鈴木洋太郎（2000b）「P. クルーグマン」（矢田俊文・松原　宏編『現代経済地理学』ミネルヴァ書房）260-278.
セブン―イレブン・ジャパン（1991）「物流・セブン―イレブンの取り組み」『IY グループ四季報』91-4 別冊: 1-14.
高橋伸夫編（2000）『超企業・組織論』有斐閣.
田島義博・原田英夫編（1997）『ゼミナール流通入門』日本経済新聞社.
玉野井芳郎（1982）『生命系のエコノミー』新評論.
田村大樹（2000a）「A. プレッド―都市システム論」（矢田俊文・松原　宏編『現代経済地理学』ミネルヴァ書房）104-127.
田村大樹（2000b）『空間的情報流と地域構造』大明堂.
田村大樹（2000c）「マッチング産業と IT 革命」（山﨑　朗・玉田　洋編『IT 革命とモバイルの経済学』東洋経済新報社）39-59.
豆本一茂（2000）「M. カステル―情報都市とフローの空間」（矢田俊文・松原　宏編『現代経済地理学』ミネルヴァ書房）128-147.
富樫幸一（1990）「地域構造論と企業の地理学」（矢田俊文編『地域構造の理論』ミネルヴァ書房）52-62.
外川健一（2001）『自動車とリサイクル』日刊自動車新聞社.
富田和暁（1991）『経済立地の理論と実際』大明堂.
富田和暁（1996）『地域と産業―経済地理学の基礎』大明堂.
友澤和夫（2000）「A. J. スコット―新産業空間論を超えて」（矢田俊文・松原　宏編『現代経済地理学』ミネルヴァ書房）172-193.
中島　清（1980）「チューネン農業立地論の地代論的考察」『経済地理学年報』26（1）: 73-107.
中村良平・田渕隆俊（1996）『都市と地域の経済学』有斐閣.
西岡久雄（1968）『経済立地の話』日経文庫.
西岡久雄（1976）『経済地理分析』大明堂.
西村睦男（1977）『中心地と勢力圏』大明堂.
西村睦男・森川　洋編（1986）『中心地研究の展開』大明堂.
日本経済新聞社編（1996）『シリコンバレー革命―未来型経営が始まった』日本経済新聞社.
野尻　亘（1997）『日本の物流』古今書院.
野中郁次郎・竹内弘高（1996）『知識創造企業』（梅本勝博訳）東洋経済新報社.
箸本健二（1998）「首都圏におけるコンビニエンスストアの店舗類型化とその空間的展開―POS データによる売上分析を通じて」『地理学評論』71A: 239-253.
箸本健二（2001）『日本の流通システムと情報化』古今書院.

馬場　哲・小野塚知二（2001）『西洋経済史学』東京大学出版会.
林　上（1986）『中心地理論研究』大明堂.
林　上（1991a）『都市の空間システムと立地』大明堂.
林　上（1991b）『都市地域構造の形成と変化』大明堂.
林　上（1995）『経済発展と都市構造の再編』大明堂.
肥田野登ほか（1994）「コミュニケーション，企業組織，オフィス立地研究：展望」『郵政研究レヴュー』5：9-56.
日野正輝（1996）『都市発展と支店立地』古今書院.
藤川昇悟（1999）「現代資本主義における空間集積に関する一考察」『経済地理学年報』45（1）：21-39.
米花　稔（1949）『経営位置の研究』厳松堂書店.
米花　稔（1961）『経営立地政策』評論社.
ポーター，M. E.・竹内弘高（2000）『日本の競争戦略』ダイヤモンド社.
細田衛士（1999）『グッズとバッズの経済学』東洋経済新報社.
洞口治夫（1992）『日本企業の海外直接投資：アジアへの進出と撤退』東京大学出版会.
松原　宏（1986）「国土の保全と利用」（川島哲郎編『経済地理学』朝倉書店）227-250.
松原　宏（1990）「大都市圏と地帯構成」（矢田俊文編『地域構造の理論』ミネルヴァ書房）158-168.
松原　宏（1991）「寡占間競争下における工業立地理論と空間価格理論」『西南学院大学経済学論集』26（2/3）：121-155.
松原　宏（1995）「資本の国際移動と世界都市東京」『経済地理学年報』41：293-307.
松原　宏（1999）「集積論の系譜と『新産業集積』」『東京大学人文地理学研究』13：83-100.
松原　宏（2000）「多国籍企業の立地と産業集積の理論」『経済学研究（九州大学）』67（4/5）：27-42.
松本有一（2000）「循環型社会とリサイクル」『経済学研究（関西学院大学）』54（1）.
水岡不二雄（1978）「立地論と差額地代論」『人文地理』30（2）：21-39.
水野　勲（1994）「農村市場システムの近代的変化（再編）モデル：地域不均衡理論の試み」『地理学評論』67A：236-256.
水野真彦（1999）「制度・慣習・進化と産業地理学」『経済地理学年報』45：120-139.
宮坂正治（1965）『不完全競争企業の経営政策』森山書店.
宮澤　仁（1998）「東京中野区における保育所へのアクセス可能性に関する時空間制約の分析」『地理学評論』71A：859-886.
村田喜代治（1958）『経済地理学序説』創造社.
村田喜代治（1962）『日本の立地政策』東洋経済新報社.
森川　洋（1974）『中心地研究』大明堂.
森川　洋（1980）『中心地論 I』大明堂.
森川　洋（1988）『中心地論 III』大明堂.
矢田俊文（1986）「産業構造の展開と経済の地域構造」（川島哲郎編『経済地理学』朝倉書店）15-40.
矢田俊文編（1990）『地域構造の理論』ミネルヴァ書房.

矢田俊文（1999）『21世紀の国土構造と国土政策』大明堂．
矢田俊文・松原　宏編（2000）『現代経済地理学—その潮流と地域構造論』ミネルヴァ書房．
柳井雅人（1990）「集積論と『極』の形成」（矢田俊文編『地域構造の理論』ミネルヴァ書房）110-119．
柳井雅人（1997）『経済発展と地域構造』大明堂．
山口不二雄（1982）「立地論ノート」『法政大学文学部紀要』28：57-100．
山﨑　朗（1999）『産業集積と立地分析』大明堂．
山﨑　朗（2000）「産業集積とイノベーション」（伊東弘文・細江守紀編『現代経済の課題と分析』九州大学出版会）71-88．
山﨑　朗・玉田　洋編（2000）『IT革命とモバイルの経済学』東洋経済新報社．
山崎　健（2001）『大都市地域のオフィス立地』大明堂．
山下勇吉（1994）『商業立地の知識』日経文庫．
山田鋭夫（1994）『20世紀資本主義』有斐閣．
山名伸作（1972）『経済地理学』同文館．
山本健兒（1994）『経済地理学入門』大明堂．
山本健兒（2000）「P. クルーグマンとA. マーシャルの産業集積論」『経済学研究（九州大学）』67（4/5）：1-25．
吉田文和（1980）『環境と技術の経済学—人間と自然の物質代謝の理論』青木書店．
吉原英樹（1997）『国際経営』有斐閣．
Alexander, I. (1979) *Office Location and Public Policy.* London: Longman.［アレキサンダー著，伊藤喜栄・富田和暁・池谷江里子訳（1989）『情報化社会のオフィス立地』時潮社］
Allen, P. M. and Sanglier, M. (1981) A Dynamic Model of a Central Place System II, *Geogr. Analysis* 13: 169-183.［アレン・サングリエ，水野　勲訳（1989）「中心地システムの動態的モデルII」『理論地理学ノート』6: 67-82］
Alonso, W. (1964) *Location and Land Use.* Cambridge, Mass.: Harvard Univ. Press.［アロンゾ著，大石泰彦監訳・折下功訳（1976）『立地と土地利用』朝倉書店］
Arai, Y. and Yamada, H. (1994) Development of Convenience Store System in Japan: 1970's-1980's', *Tradition and Innovation: Comparative Study on Retail Trade,* Ryutsu Keizai University: 117-126.
Arlinghaus, S. L. (1985) Fractals take a Central Place. *Geografiska Annaler* 67B: 83-88.
Arlinghaus, S. L. and Arlinghaus, W. (1989) Fractal Theory of Central Place Geometry: A Diophantine Analysis of Fractal Generators for Arbitrary Löschian Number. *Geographical Analysis* 21: 103-121.
Armstrong, H. W. and Taylor, J. (1993) *Regional Economics and Policy.* Second ed. Harvester Wheatsheaf.［アームストロング・テイラー著，坂下　昇監訳（1998）『地域経済学と地域政策』流通経済大学出版会］
Armstrong, R. (1972) *The Office Industry.* Harvard, New Jersy: MIT Press.
Arthur, W. B. (1994) *Increasing Returns and Path Dependence in the Economy.* Ann Ar-

bor: University of Michigan Press.
Bale, J. (1981) *The Location of Manufacturing Industry: An Introductory Approach.* Second ed. Oliver & Boyd.［ベール著，北村嘉行・上野和彦・小俣利男監訳（1984）『工業地理学入門』大明堂］
Batten, D. F. (1995) Network Cities: Creative Urban Agglomerations for the 21st Century, *Urban Studies* 32: 313-327.
Belsky, E. and Karaska, G. J. (1990) Approaches to Locating Urban Functions in Developing Rural Areas, *International Regional Science Review* 13: 225-240.
Berry, B. J. L. and Garrison, W. L. (1958) A Note on Central Place Theory and the Range of a Good, *Economic Geography* 34: 145-150, 304-311.
Berry, B. J. L. and Pred, A. (1961) *Central Place Studies. A Bibliography of Theory and Applications.* Regional Science Research Institute, Bibliogr. Ser. No. 1.
Berry, B. J. L. (1967) *Geography of Market Centers and Retail Distribution.* Englewood Cliffs, N. J.: Prentice Hall.［ベリー著，西岡久雄・鈴木安昭・奥野隆史共訳（1972）『小売業・サービス業の立地』大明堂］
Berry, B. J. L. and Harris, C. D. (1970) Walter Christaller: An Appreciation, *Geographical Review* 60: 116-119.
Berry, B. J. L., Parr, J. B. et.al. (1988) *Market Centers and Retail Location: Theory and Applications.* Englewood Cliffs, N. J.: Prentice Hall.［ベリー・パルほか著，奥野隆史・鈴木安昭・西岡久雄共訳（1992）『小売立地の理論と応用』大明堂］
Boulding, K. E. (1968) *Beyond Economics: Essays on Society, Religion, and Ethics.* Ann Arbor: Univ. of Michigan Press.［ボールディング著，公文俊平訳（1975）『経済学を超えて』学習研究社］
Brinkmann, Th. (1922) *Die Oekonomik der landwirtschaftlichen Betriebes, Grundriss der Sozialökonomik 7.* Abt. Tübingen: J. C. B. Mohr.［ブリンクマン著，大槻正男訳（1969）『農業経営経済学〈改訳版〉』地球社］
Bryson, J., Henry, N., Keeble, D. and Martin, R. eds. (1999) *The Economic Geography Reader.* Chichester: John Wiley & Sons.
Camagni, R. (1991) Local 'Milieu', Uncertainty and Innovation Networks. In *Innovation Networks: Spatial Perspective*, ed. Camagni, R. London: Belhaven Press.
Castells, M. (1989) *Informational City: Informational Technology, Economic Restructuring, and the Urban-Regional Process.* Oxford: Blackwell.
Chamberlin, E. H. (1933) *The Theory of Monopolistic Competition.* Cambridge, Mass.: Harvard Univ. Press.［チェンバリン著，青山秀夫訳（1966）『独占的競争の理論』至誠堂］
Chandler, A. D. (1962) *Strategy and Structure: Chapters in the History of the Industrial Enterprise.* Cambridge, Mass.: M. I. T. Press.［チャンドラー著，三菱経済研究所訳（1967）『経営戦略と組織』実業之日本社］
Chisholm, M. (1966) *Geography and Economics.* London: G. Bell & Sons.［チサム著，村田喜代治訳（1969）『地域と経済理論』大明堂］

Christaller, W. (1933) *Die zentralen Orte in Süddeutschland*. Jena: G. Fischer. [クリスタラー著, 江澤譲爾訳 (1969)『都市の立地と発展』大明堂]
Clark, G. L., Feldman, M. P. and Gertler, M. S. eds. (2000) *The Oxford Handbook of Economic Geography*. Oxford: Oxford Univ. Press.
Colby, M. E. (1991) Environmental Management in Development: The Evolution of Paradigms, *Econological Economics* 3 (3): 193-213.
Cooke, P. and Morgan, K. (1998) *The Associational Economy: Firms, Regions, and Innovation*. Oxford: Oxford Univ. Press.
Cooper, L. (1963) Location-allocation Problems, *Operations Research* 11: 331-343.
Dicken, P. and Lloyd, P. E. (1990) *Location in Space*. Third ed. London: Harper & Row. [ディッケン・ロイド著, 伊藤喜栄監訳 (2001)『改訂版　立地と空間 (上・下)』古今書院]
Dicken, P. (1992) *Global Shift: The Internationalization of Economic Activity*. Second ed. New York: The Guilford Press. [ディッケン著, 宮町良広監訳 (2001)『グローバル・シフト (上・下)』古今書院]
Dunn, E. S. (1954) *The Location of Agricultural Production*. Gainsville: University of Florida Press. [ダン著, 阪本平一郎・原納一雅共訳 (1960)『農業生産立地理論』地球出版]
Dunning, J. H. (1998) Location and the Multinational Enterprise: A Neglected Factor?, *Journal of International Business Studies* 29 (1): 45-66.
Dunning, J. H. ed. (2000) *Regions, Globalization, and the Knowledge-based Economy*. Oxford: Oxford Univ. Press.
Enright, M. J. (2000) The Globalization of Competition and the Localization of Competitive Advantage: Policies towards Regional Clustering, In *The Globalization of Multinational Enterprise Activity and Economic Development*, eds. Hood, N. and Young, S., London: Macmillan.
Estall, R. C. and Buchanan, R. O. (1973) *Industrial Activity and Economic Geography*. Third ed. London: Hutchinson. [エストール・ブキャナン著, 小杉　毅・辻悟一訳 (1975)『工業立地論―工業活動と経済地理学』ミネルヴァ書房]
Evans, A. W. (1985) *Urban Economics*. Basil Blackwell Ltd. [エヴァンス著, 黒田彰三訳 (1986)『都市の立地と経済』大明堂]
Fischer, C. S. (1992) *America Calling: A Social History of the Telephone to 1940*. Berkeley: Univ. of California Press. [フィッシャー著, 吉見俊哉・松田美佐・片岡みい子訳 (2000)『電話するアメリカ』NTT出版]
Friedmann, J. (1966) *Regional Economic Development: A Case Study of Venezuela*. Cambridge, Mass.: The M. I. T. Press.
Fröbel, F., Heinrichs, J. and Kreye, O. (1977) The Tendency Towards a New International Division of Labor, *Review*, 1 (1).
Fujita, M. and Ogawa, H. (1982) Multiple Equilibria and Structual Transition of Non-monocentric Urban Configurations, *Regional Science and Urban Economics* 12: 161-196.

Fujita, M., Krugman, P. and Venables, A. J. (1999) *The Spatial Econbomy: Regions, and International Trade.* Cambridge, Mass.: The M. I. T. Press. [藤田昌久・クルーグマン・ベナブルズ著，小出博之訳（2000）『空間経済学―都市・地域・国際貿易の新しい分析』東洋経済新報社]

Garreau, J. (1991) *Edge City: Life on the New Frontier.* New York: Doubleday.

Geogescu-Roegen, N. (1981) *Economics of Natural Resources: Myths and Facts.* [ジョージェスク＝レーゲン著，小出厚之助ほか編訳（1981）『経済学の神話：エネルギー，資源，環境に関する事実』東洋経済新報社]

Goddard, J. B. (1971) Office Communications and Office Location: A Review of Current Research, *Regional Studies* 5: 263-280.

Goddard, J. B. (1973) Office Linkages and Location: A Study of Communications and Spatial Patterns in Central London. *Progress in Planning Series,* 1 (2), Pergamon.

Goddard, J. B. (1975) *Office Location in Urban and Regional Development.* London: Oxford Univ. Press.

Gould, P. R. (1985) *The Geographer at Work.* London: Routledge & Kegan Paul. [グールド著，二上真美訳（上 1989），矢野桂司・立岡裕士・水野 勲訳（下 1994）『現代地理学のフロンティア』地人書房]

Granovetter, M. (1985) Economic Action and Social Structure: The Problem of Embeddedness, *American Journal of Sociology* 91: 481-510.

Greenhut, M. L. (1956) *Plant Location in Theory and Practice.* University of North Carolina Press. [グリーンハット著，西岡久雄監訳（1972）『工場立地（上・下）』大明堂]

Greenhut, M. L. (1981) Spatial Pricing in the United States, West Germany and Japan, *Economica* 48: 79-86.

Gregory, D. (1994) *Geographical Imaginations.* Oxford: Blackwell.

Grigg, D. B. (1984) *An Introduction to Agricultural Geography.* London: Hutchinson. [グリッグ著，山本正三ほか訳（1986）『農業地理学入門』原書房]

Haggett, P. (1965) *Locational Analysis in Human Geography.* London: Edward Arnold. [ハゲット著，野間三郎監訳・梶川勇作訳（1976）『立地分析（上・下）』大明堂]

Haig, R. M. (1926) Toward an Understanding of the Metropolis, *The Quarterly Journal of Economics* 40: 402-434.

Hardoy, J. E. and Satterthwaite, D. eds. (1986) *Small and Intermediate Urban Centers.* London: Hodder and Stoughton.

Hartshorn, T. A. (1980) *Interpreting the City: An Urban Geography.* New York: John Wiley.

Harvey, D. (1982) *The Limits to Capital.* Oxford: Basil Blackwell. [ハーヴェイ著，松石勝彦・水岡不二雄ほか訳（1989・90）『空間編成の経済理論（上・下）』大明堂]

Harvey, D. (1989) *The Condition of Postmodernity.* Oxford: Basil Blackwell. [ハーヴ

ェイ著, 吉原直樹監訳（1999）『ポストモダニティの条件』青木書店]
Healey, M. J. and Ilbery, B. W. (1990) *Location and Change : Perspectives on Economic Geography*. Oxford: Oxford Univ. Press.
Helleiner, G. K. (1981) *Intra-firm Trade and the Developing Countries*. London: Macmillan.［ヘライナー著, 関下　稔・中村雅秀訳（1982）『多国籍企業と企業内貿易』ミネルヴァ書房]
Hoover, E. M. (1937) *Location Theory and the Shoe and Leather Industries*. Cambridge, Mass.: Harvard Univ. Press.［フーヴァー著, 西岡久雄訳（1968）『経済立地論』大明堂]
Hoover, E. M. (1948) *The Location of Economic Activity*. New York: McGraw-Hill.［フーヴァー著, 春日茂男・笹田友三郎共訳（1970）『経済活動の立地』大明堂]
Hoover, E. M. and Vernon, R (1959) *Anatomy of Metropolis*. Cambridge, Mass.: Harvard Univ. Press.［フーヴァー・ヴァーノン著, 蠟山政道監訳（1965）『大都市の解剖』東京大学出版会]
Hotelling, H. (1929) Stability in Competition, *Economic Journal* 39: 41-57.
Hottes, R. (1970) Walter Christaller. *Ann. Asso. Amer. Geogr.* 73: 51-54.
Hymer, S. (1972) The Multinational Corporation and the Law of Uneven Development. In *Economics and World Order*, ed. Bhagwati, J. W., London: Macmillan.［ハイマー著, 宮崎義一編訳（1979）『多国籍企業論』岩波書店]
Isard, W. (1956) *Location and Space-Economy*. Cambridge, Mass.: The M. I. T. Press.［アイザード著, 木内信蔵監訳（1964）『立地と空間経済』朝倉書店]
Johnston, R. J. (1991) *Geography and Geographers : Anglo-American Human Geography since 1945*. Fourth ed. London: Edward Arnold.［ジョンストン著, 立岡裕士訳（1997, 99）『現代地理学の潮流（上・下）』地人書房]
Jones, K. and Simmons, J. (1990) *The Retail Environment*. London: Routledge.［ジョーンズ・シモンズ著, 藤田直晴・村山祐司監訳（1992）『商業環境と立地戦略』大明堂]
Krugman, P. (1991) *Geography and Trade*. Cambridge, Mass.: The M. I. T. Press.［クルーグマン著, 北村行伸・高橋　亘・姉尾美起訳（1994）『脱「国境」の経済学』東洋経済新報社]
Krugman, P. (1995) *Development, Geography, and Economic Theory*. Cambridge, Mass.: The M. I. T. Press.［クルーグマン著, 高中公男訳（1999）『経済発展と産業立地の理論』文眞堂]
Krugman, P. (1996) *The Self-Organization Economy*. Cambridge, Mass.: Blackwell.［クルーグマン著, 北村行伸・姉尾美紀訳（1997）『自己組織化の経済学』東洋経済新報社]
Lipietz, A. (1985) *Mirages et miracles*. Paris: La Decouverte.［リピエッツ著, 若森章孝・井上泰夫訳（1987）『軌跡と幻影』新評論]
Lösch, A. (1940) *Die raumliche Ordnung der Wirtschaft*. Jena: G. Fischer.［レッシュ著, 篠原泰三訳（1991）『経済立地論　新訳版』大明堂]
Maillat, D. (1995) Territorial Dynamic, Innovative Milieus and Regional Policy, *En-

trepreneurship and Regional Development 7: 157-165.
Malmberg, A., Solvell, O. and Zander, I. (1996) Spatial Clustering, Local Accumulation of Knowledge and Firm Competitiveness, *Geograpfiska Annaler* 78B: 85-97.
Marshall, A. (1890) *Principles of Economics*. London: The Macmillan Press. [マーシャル著, 馬場啓之助訳 (1966) 『経済学原理Ⅱ』東洋経済新報社]
Martin, R. (2000) Institutional Approaches in Economic Geogarphy. In *A Companion to Economic Geography*, eds. Sheppard, E. and Barnes, T. J., Oxford: Blackwell.
Maskell, P. and Malmberg, A. (1999) Localized Learning and Industrial Competitiveness, *Cambridge Journal of Economics* 23: 167-185.
Massey, D. (1984) *Spatial Divisions of Labour*. London: Methuen. [マッシィ著, 富樫幸一・松橋公治監訳 (2000)『空間的分業』古今書院]
Meyer, D. R. (1980) A Dynamic Model of the Integration of Frontier Urban Places into the United States System of Cities, *Economic Geography* 56: 120-140.
Muth, R. F. (1969) *Cities and Housing: The Spatial Pattern of Urban Residential Land Use*. Chicagô : Univ. of Chicago Press. [ミュース著, 折下　功訳 (1971)『都市住宅の経済学』鹿島出版会]
Nelson, R. and Winter, S. (1982) *An Evolutionary Theory of Economic Change*. Cambridge, Mass.: Harvard Univ. Press.
Norman, G. (1981) Uniform Pricing as an Optimal Spatial Pricing Policy, *Economica* 48: 87-91.
Nourse, H. O. (1968) *Regional Economics*. New York: McGraw-Hill. [ナース著, 笹田友三郎訳 (1971)『地域経済学』好学社]
O'Brien, R. (1992) *Financial Integration: The End of Geography*. London: Pinter Publishers.
Ohlin, B. (1933) *Interregional and International Trade*. Cambridge, Mass.: Harvard Univ. Press. [オリーン著, 木村保重訳 (1970)『貿易理論』ダイヤモンド社]
Ota, M. and Fujita, M. (1993) Communication Technologies and Spatial Organization of Multi-Unit Firms in Metropolitan Areas, *Regional Science and Urban Economics* 23: 695-729.
Palander, T. (1935) *Beitrage zur Standortstheorie*. Uppsala: Akademisk Avhandling. [パランダー著, 篠原泰三訳 (1984)『立地論研究 (上・下)』大明堂]
Perroux, F. (1955) Note on the Concept of Growth Poles, (translated by Gates, L. and Mcdermott. A. M., 1970) In *Regional Economics*, ed. Mckee, D. L., New York: The Free Press.
Perroux, F. (1988) The Pole of Development's New Plan in a General Theory of Economic Activity. In *Regional Economic Development*. eds. Higgins, B. and Savoie, D., Boston: Allen & Unwin.
Pinch, S. (1985) *Cities and Services: The Geography of Collective Consumption*. London: Routledge & K. Paul. [ピンチ著, 神谷浩夫訳 (1990)『都市問題と公共

サービス』古今書院]
Piore M. J. and Sabel, C. F. (1984) *The Second Industrial Divide*. New York: Basic Books Inc. [ピオリ・セーブル著, 山之内靖・永易浩一・石田あつみ訳 (1993)『第二の産業分水嶺』筑摩書房]
Porter, M. E. (1980) *Competitive Strategy*. New York: The Free Press. [ポーター著, 土岐 坤ほか訳 (1982)『競争の戦略』ダイヤモンド社]
Porter, M. E. (1985) *Competitive Advantage*. New York: The Free Press. [ポーター著, 土岐 坤ほか訳 (1985)『競争優位の戦略』ダイヤモンド社]
Porter, M. E. (1990) *The Competitive Advantage of Nations*. New York: The Free Press. [ポーター著, 土岐 坤ほか訳 (1992)『国の競争優位 (上・下)』ダイヤモンド社]
Porter, M. E. (1998) *On Competition*. Boston: Harvard Business School Publishing. [ポーター著, 竹内弘高訳 (1999)『競争戦略論 (I・II)』ダイヤモンド社]
Pred, A. (1966) *The Spatial Dynamics of U. S. Urban-Industrial Growth, 1800-1914*. Cambridge, Mass.: M. I. T. Press.
Pred, A. (1971) Large-City Interdependence and the Preelectronic Diffusion of Innovations in the U. S., *Geographical Analysis* 3: 165-181.
Pred, A. (1977) *City-systems in Advanced Economies*. London: Hutchinson & Co.
Pye, R. (1979) Office Location: The Role of Communications and Technology. In *Spatial Patterns of Office Growth and Location*, ed. Daniels, P. W., 239-276, London: John Wiley and Sons.
Ratti, R., Bramaniti, A. and Gordon, R. eds. (1997) *The Dynamics of Innovative Regions: The GREMI Approach*. Aldershot: Ashgate.
ReVelle, C. S. (1986) The Maximum Capture or Sphere of Influence Location Problem: Hotelling Revisited on a Network, *Journal of Regional Science* 26: 343-358.
Rondinelli, D. A. (1983) *Secondary Cities in Developing Countries*. Sage Publications.
Rosenbloom, R. S. and Spencer, W. (1996) *Engines of Innovation*. [ローゼンブルーム・スペンサー著, 西村吉雄訳 (1998)『中央研究所の時代の終焉』日経BP社]
Rossler, M. (1989) Applied Geography and Area Research in Nazi Society: Central Place Theory and Planning, *Society and Space* 7: 419-431.
Rugman, A. M. (1981) *Inside the Multinationals*. London: Croom Helm. [ラグマン著, 江夏健一ほか訳 (1983)『多国籍企業と内部化理論』ミネルヴァ書房]
Saxenian, A. (1994) *Regional Advantage*. Cambridge, Mass.: Harvard Univ. Press. [サクセニアン著, 大前研一訳 (1995)『現代の二都物語』講談社]
Schultz, G. P. (1970) The Logic of Health Care Facility Planning, *Socio-Economic Planning Sciences* 4: 383-393.
Schumpeter, J. A. (1926) *Theorie der wirtschaftlichen Entwicklung*. München: Duncker & Humblot. [シュムペーター著, 塩野谷裕一・中山伊知郎・東畑精一訳 (1977)『経済発展の理論 (上)』東洋経済新報社]
Scott, A. J. (1988a) *New Industrial Spaces*. London: Pion.

Scott, A. J. (1988b) *Metropolis : From Division of Labor to Urban Form*. Berkeley : Univ. of California Press. ［スコット著，水岡不二雄監訳（1996）『メトロポリス』古今書院］

Sheppard, E. and Barnes, T.J. eds. (2000) *A Companion to Economic Geography*. Oxford: Blackwell.

Simon, H. A. (1955) *Models of Man, Social and Rational*. New York : Wiley. ［サイモン著，宮沢光一監訳（1970）『人間行動のモデル』同文館］

Smith, D. M. (1971) *Industrial Location : An Economic Geographical Analysis*. London : John Wiley. ［スミス著，上巻：西岡久雄・山口守人・黒田彰三共訳，下巻：宮坂正治・黒田彰三共訳（1982/84）『工業立地論（上・下）』大明堂］

Smith, D. M. (1979) *Where the Grass is Greener : Living in an Unequal World*. London : Penguin Books. ［スミス著，竹内啓一監訳（1985）『不平等の地理学：みどりこきはいずこ』古今書院］

Sweet, M. L. (1981) *Industrial Location Policy for Economic Revitalization : National and International Perspectives*. New York : Praeger Publishers.

Thorngren, B. (1970) How do Contact Systems affect Regional Development?, *Environment and Planning* 2 : 409-427.

Thünen, J. H. von. (1826) *Der isolierte Staat in Beziehung auf Landwirtschaft und Nationalökonomie*. ［チューネン著，近藤康男訳（1974）『農業と国民経済に関する孤立国』（近藤康男著作集第1巻に所収）農山漁村文化協会］

Toffler, A. (1980) *The Third Wave*. New York : Bantam Books. ［トフラー著，徳岡孝夫監訳（1982）『第三の波』中公文庫］

Vance, J. E. (1970) *The Merchant's World : The Geography of Wholesaling*. Prentice Hall. ［バンス著，国松久弥訳（1973）『商業・卸売業の立地』大明堂］

Vernon, R. (1960) *Metropolis 1985*. Cambridge, Mass.: Harvard Univ. Press. ［ヴァーノン著，蠟山政道監訳（1968）『大都市の将来』東京大学出版会］

Vernon, R. (1966) International Investment and International Trade in the Product Cycle, *Quarterly Journal of Economics*, May : 190-207.

Wallerstein, I. (1979) *The Capitalist World-economy*. Cambridge : Cambridge Univ. Press. ［ウォラシュティン著，藤瀬浩司・麻沼賢彦・金井雄一訳（1987）『資本主義世界経済I』名古屋大学出版会］

Watts, H. D. (1987) *Industrial Geography*. London : Longman. ［ワッツ著，松原宏・勝部雅子訳（1995）『工業立地と雇用変化』古今書院］

Weber, A. (1909) *Über den Standort der Industrien*, 1. Teil. Tübingen : Verlag von J. C. B. Mohr. ［ウェーバー著，篠原泰三訳（1986）『工業立地論』大明堂］

Weber, A. (1914) *Industrielle Standortslehre. Grundriss der Sozialökonomik* 6. Abt. Tübingen : J. C. B. Mohr. ［ウェーバー著，江澤譲爾訳（1938）『工業分布論』改造文庫］

Williamson, O. E. (1975) *Markets and Hierarchies*. New York : The Free Press. ［ウィリアムソン著，浅沼萬里・岩崎晃訳（1980）『市場と企業組織』日本評論社］

索　引

事項索引

■ア行

アウトソーシング	75
アジア NIEs	81
暗黙知	91, 141
イノベーション	60, 62–64, 86, 91, 92, 94, 110, 111, 147
インパナトーレ	90
エコタウン	122, 124–126
エッジシティ	43
エンジェル	93
エントロピー	128

■カ行

海外直接投資	80, 141
階層規定財	6
外部経済	22, 35, 59, 145
外部支配	72
外部性	133
拡大生産者責任	128
隔離（行政）原理	6, 29, 30
加工係数	25
寡占間競争	4, 139
価値連鎖	65, 70
カバー問題	133–135, 137
感度分析	134, 137
企業の地理学	72
企業文化	75
基点価格制度（方式）	70, 139, 140, 147
規模の経済	4
競争優位	57, 58, 60, 64, 70
業務核都市	43
局地原料	19
局地的市場圏	142, 148, 149
距離の摩擦	14
均一引渡し価格	140
均質空間	2, 3, 11, 31, 142
空間経済学	31, 33
空間構造	72
空間克服技術	109, 113
空間的競争	32
空間的差別価格	139, 147
空間的情報流	112
空間的ストック	109, 111
空間的フロー	109–113
空間独占	6
空間分業	72
偶然集積	21, 22, 54
組合せ最適化	132
グローバル・ロジスティクス	82
経済基盤説	116
経済地域（論）	3, 8, 31, 65
計量革命	6, 27, 28
経路依存性	35, 141
建造環境	116
原料指数	20
広域行政（圏）	127, 136
工場閉鎖	74
工場渡し f.o.b	139, 140
構造的アプローチ	72
交通原理	6, 29, 30
行動論的立地論	70
国際分業論	83
コミュニケーション様式	92
孤立国	10, 31

■サ行

サードイタリー	87, 89, 90
サービス圏	130–132, 134, 136, 137
最近隣中心地利用仮説	136
最小努力の原則	70
最短経路	131
財の到達範囲	28, 29, 100, 135

164 索引

差額地代	15
サプライチェーンマネジメント	106
サプライヤ・システム	75
産業クラスター	57-60, 62-67, 147, 149
産業集積	22, 54, 57, 65, 81, 124, 140, 147
産業立地政策	127
産地間競争	14
GIS	137
CN革命	108, 109
CBD	42
時間距離	101, 102
時間－空間の圧縮	144
時間地理学	35
自己組織化	35
次最適立地	23
市場圏	32, 44, 72, 114
施設立地問題	131
自然的生産諸力	128
持続可能な発展	119
社会経済学	141, 148
社会的近接性	92
社会の費用論	127
収穫逓増	49, 53, 55
集積	19, 124
集積因子	25
集約度	12
重量減損原料	19, 20
主導産業	142, 143
循環型社会	119-121, 127
純粋理論	18
純粋原料	19, 20
純粋集積	21, 22
商圏	101
消費者行動	70
消費者サービス業	110
情報財	112
情報的発展様式	143
静脈産業	121, 126
初期条件	51, 55
シリコンバレー	92, 93
進化経済学	86, 95, 148
新古典派経済学	6, 49
新産業空間論	87, 89, 93, 94
新制度派経済学	148
垂直的連鎖	61
垂直的分離	89, 94
水平的分離	89
スクラップアンドビルド	73
スピルオーバー	60, 62
生活圏	135
生産者サービス業	110
成長の極	145-147, 149
制度的転回	142
製品差別化	53
制約条件式	132, 136
成立閾	6, 28
世界システム論	83
接触の利益	22
絶対空間	2
ゼロエミッション	122, 124, 127
センター問題	133
専門情報	110, 112, 114
相互依存立地	68
相対空間	2
ソシオ・エコノミクス	63, 64
組織論的立地論	72, 75, 139
ソフトエネルギーパス	127
■夕行	
大学と産業のコンビ	60
大店法	99, 107
対面接触	39, 40, 43, 88, 89, 93, 95, 110, 114, 115
ダイヤモンド	58, 59, 65
多極分散	68, 146
多国籍企業	49, 78-85, 140, 141, 144
多頻度小ロット配送	102, 106
地域科学	7
地域経済	8
地域構造	115, 142, 143, 148
地域構造論	7
地域政策	146
地域的集積	86, 89, 91, 95

チェーンストア	98	プロダクト・サイクル論	79, 81, 84
知識・情報の輸送	39	分工場経済	72
地代	11, 12, 39, 40	分散因子	25
地代曲線	11	ペティ・クラークの法則	115
地代指数	13	ベンチャー企業	93
地代付け値曲線	15	貿易論	7
中心地理論	27, 28, 34-37, 44-46, 70, 135	補完区域	28
中枢管理機能	110, 143	補給（供給）原理	29, 30, 36, 100, 106
チューネン圏	11	■マ行・ヤ行	
地理的近接性	39, 59, 91	マージン・ライン	6
地理の再発見	58	満足化行動原理	70
地理の終焉	57	満足最大化	70
ディープエコロジー	119	ミリューアプローチ	91, 93, 94
テレワーク	43	迷惑施設	121, 122
等質地域構造	12	メタ情報	92
同心円構造	11	メディアン問題	132, 133, 135
独占地代	15	目的関数	132, 136, 137
都市システム（論）	35, 43, 110, 143	問題地域類型別政策論	144
都市集積	110, 112, 115	輸送費指向	18, 121
都市的（内部）土地利用理論	6, 15, 143	輸入代替型	80, 82
特化係数	122, 123, 128	■ラ行・ワ行	
取引費用（論）	42, 87, 126, 141	ライセンシング	64
■ナ行		ライフスタイル	99, 120
内発的発展	146, 147	リードタイム	102, 104
内部化の理論	84	リサイクル	120-122
日米貿易摩擦	80	利潤可能性の空間的限界	4, 23
■ハ行		利潤最大化	69
配送圏	101, 105	立地因子	2, 3, 18, 50, 69
バックオフィス	43	立地環境	78, 81
場の空間	143	立地規制	144
パレート最適解	137	立地競争	4
ファブレス	76	立地決定	2, 3
フォーディズム	113, 143	立地原理	3, 69, 114
不完全競争	7, 49, 53	立地三角形	6, 143
複数均衡	51	立地重量	25
藤田＝小川モデル	41, 42	立地条件	2, 4, 101, 145
普遍原料	19	立地政策	144, 146, 147
フランチャイズ	99	立地層	22, 24
フレキシブルな専門化	87, 89	立地単位	2, 70, 110
フレキシブルな蓄積	144	立地調整	75
フローの空間	109, 143	立地の一般均衡	31

立地・配分モデル	36, 130-132, 134-136
立地誘導	144, 145
流通革命	98
臨界等費用線	21
リンケージ費用	88, 89
累積的因果性	35
レギュラシオン理論	83, 143, 148, 149
労働係数	21
労働費指向	18
ロードサイド立地	99, 102, 103
ワンストップショッピング	70, 98

人名索引 (海外の主な研究者のみ)

■ア行

アイザード (Isard, W.)	6, 149
アレクサンダー (Alexander, I.)	40
アロンゾ (Alonso, W.)	6
ヴァーノン (Vernon, R.)	78, 148
ウェーバー (Weber, A.)	5, 6, 18-26, 49, 50, 53, 121, 124, 126, 134, 136, 143
ウォラシュティン (Wallerstein, I.)	83
エストール・ブキャナン (Estall, R. C. and Buchanan, R. O.)	7
オリーン (Ohlin, B.)	7, 27, 34

■カ行

カステル (Castells, M.)	109, 143
グリーンハット (Greenhut, M. L.)	6, 69, 148
クリスタラー (Christaller, W.)	5, 6, 24, 27-32, 34-37, 44, 45, 70, 106, 136, 142, 143
クルーグマン (Krugman, P.)	22, 28, 34, 35, 49-56
ゴッダード (Goddard, J.)	39

■サ行

サイモン (Simon, H. A.)	70
スコット (Scott, A. J.)	87-89
スミス (Smith, D. M.)	3, 7, 23, 145
ソーングレン (Thorngren, B.)	39, 40

■タ行

ダニング (Dunning, J. H.)	140, 141
ダン (Dunn, E. S.)	6, 13, 14
チェンバリン (Chamberlin, E. H.)	6
チャンドラー (Chandler, A. D.)	70
チューネン (Thünen, J. H. von.)	5, 10-16, 24, 31, 136, 142, 143
ディッケン・ロイド (Dicken P. and Lloyd, P. E.)	34, 148

■ナ行・ハ行

ナース (Nourse, H. O.)	14
ハーヴェイ (Harvey, D.)	116, 144
パイ (Pye, R.)	40
ハイマー (Hymer, S.)	84
パランダー (Palander, T.)	7, 27
ピオリ・セーブル (Piore, M. and Sabel, C. F.)	87
フーヴァー (Hoover, E. M.)	6, 78
フリードマン (Friedmann, J.)	145, 146
ブリンクマン (Brinkmann, Th.)	13
プレッド (Pred, A.)	24, 35, 44, 45, 49-56, 110-114
ヘイグ (Haig, R.M.)	39, 41
ベール (Bale, J.)	145
ベリー (Berry, B. J. L.)	6, 27
ペルー (Perroux, F.)	145
ポーター (Porter, M.)	1, 57-67, 70, 147
ホテリング (Hotelling, H.)	6, 68, 135

■マ行・ヤ行・ラ行

マーシャル (Marshall, A.)	22, 23, 35
マッシィ (Massey, D.)	72
ミュース (Muth, R. F.)	6
ミュルダール (Myrdal, G.)	35
レッシュ (Lösch, A.)	3, 5, 6, 24, 27, 28, 31-37, 44, 45, 142, 143

編者および執筆者紹介 (50音順)

松原　宏 (序章・1章・7章・終章)
まつばらひろし・東京大学大学院総合文化研究科教授　1956年神奈川県生まれ．東京大学大学院理学系研究科地理学専門課程博士課程修了．理学博士．専門は経済地理学．主著『不動産資本と都市開発』ミネルヴァ書房，『経済地理学』東京大学出版会，(共訳書)『工業立地と雇用変化』古今書院，(編著)『アジアの都市システム』九州大学出版会，『現代経済地理学』ミネルヴァ書房，『先進国経済の地域構造』東京大学出版会

石﨑研二 (13章)
いしざきけんじ・奈良女子大学文学部准教授　1965年長崎生まれ．東京都立大学大学院理学研究科博士課程単位取得退学．理学修士．専門はGIS・人文地理学．主著 (分担執筆)『GIS―地理学への貢献』古今書院

加藤和暢 (6章)
かとうかずのぶ・釧路公立大学経済学部教授　1954年北海道生まれ．北海学園大学大学院経済学研究科経済政策専攻修士課程修了．経済学修士．専門は地域開発論．主著 (共著)『地域構造の理論』ミネルヴァ書房

鈴木洋太郎 (5章・8章)
すずきようたろう・大阪市立大学大学院経営学研究科教授　1960年東京都生まれ．九州大学大学院経済学研究科経済工学専攻博士課程修了．経済学博士．専門は産業立地論．主著『多国籍企業の立地と世界経済』大明堂，『産業立地のグローバル化』大明堂，『マネジメントの経済学』ミネルヴァ書房，(共著)『多国籍企業の立地論』原書房

須田昌弥 (4章)
すだまさや・青山学院大学経済学部教授　1968年北海道生まれ．京都大学大学院経済学研究科博士課程修了．博士 (経済学)．専門は地域経済学．主著 (共著)『都市と土地の経済学』日本評論社

田村大樹 (11章)
たむらだいじゅ・北九州市立大学経済学部教授　1966年東京都生まれ．九州大学大学院経済学研究科博士後期課程単位取得．博士 (経済学)．専門は地域経済論・情報社会論．主著『空間的情報流と地域構造』原書房

外川健一 (12章)
とがわけんいち・熊本大学法学部教授　1964年北海道生まれ．九州大学大学院経済学研究科修士課程修了．薬学修士・経済学修士．専門は環境政策・経済地理学．主著『自動車とリサイクル』日刊自動車新聞社

箸本健二 (10章)
はしもとけんじ・早稲田大学教育学部教授　1959年東京都生まれ．東京大学大学院総合文化研究科博士課程修了．博士 (学術)．専門は経済地理・流通地理・マーケティング．主著『日本の流通システムと情報化』古今書院

藤川昇悟 (9章)
ふじかわしょうご・阪南大学経済学部准教授　1973年熊本県生まれ．九州大学大学院経済学研究科経済工学専攻修士課程修了．専門は経済地理学．論文「現代資本主義における空

間集積に関する一考察」経済地理学年報 45-1

水野　勲（3章）
みずのいさお・お茶の水女子大学大学院人間文化創成科学研究科准教授　1959年石川県生まれ．東京都立大学大学院理学研究科地理学専攻博士課程単位取得退学．博士（理学）．専門は数理経済地理学．主著（分担執筆）『アジアの都市システム』九州大学出版会，『地理学「知」の冒険』古今書院

柳井雅人（2章）
やないまさと・北九州市立大学経済学部教授　1961年宮城県生まれ．九州大学大学院経済学研究科博士課程修了．経済学博士．専門は工業立地論．主著『経済発展と地域構造』原書房

書　名	立地論入門
コード	ISBN978-4-7722-5062-7 C3033
発行日	2002年 4 月10日　初版第 1 刷発行 2003年 4 月10日　初版第 2 刷発行 2004年12月20日　初版第 3 刷発行 2008年 4 月 1 日　初版第 4 刷発行
編著者	松原　宏 COPYRIGHT © 2002　H. MATSUBARA
発行者	株式会社古今書院　橋本寿資
印　刷	株式会社理想社
製　本	渡辺製本株式会社
発行所	**古今書院** 〒101-0062　東京都千代田区神田駿河台 2-10
電　話	03-3291-2757
ＦＡＸ	03-3233-0303
ＵＲＬ	http://www.kokon.co.jp/
振　替	00100-8-35340 番

検印省略・Printed in Japan